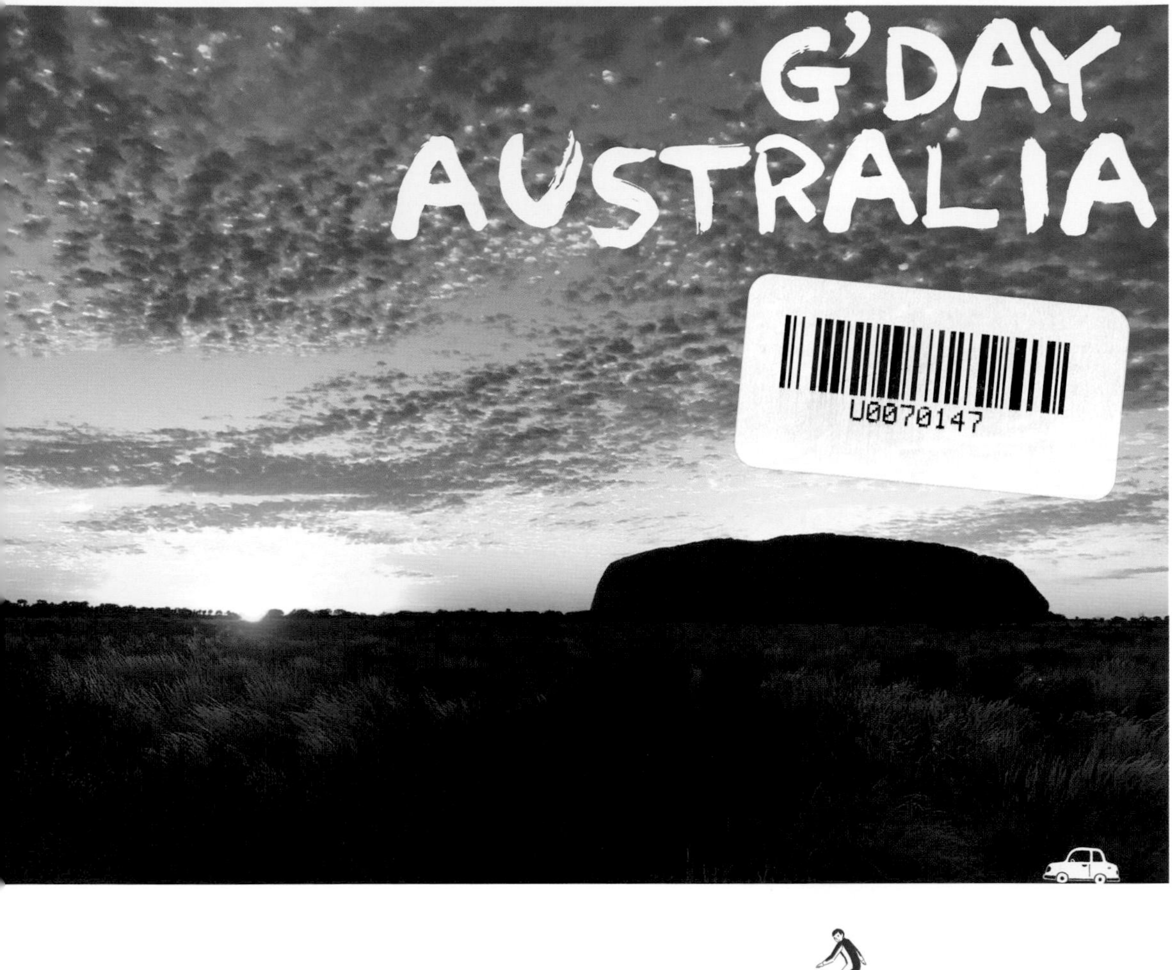

G'DAY
AUSTRALIA

澳洲我來了

雪梨燈光節
昆士蘭愛心珊瑚礁
咖啡之都墨爾本
塔斯馬尼亞遇見野生袋熊
賽凡提斯大啖西岩龍蝦
從東到西一直玩到北領地全攻略

NEXT
5km

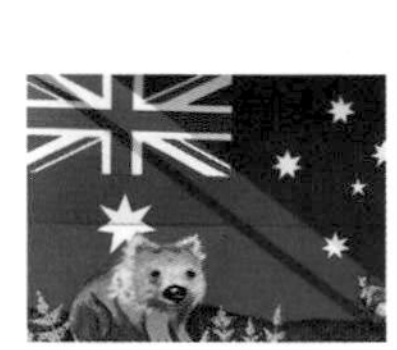

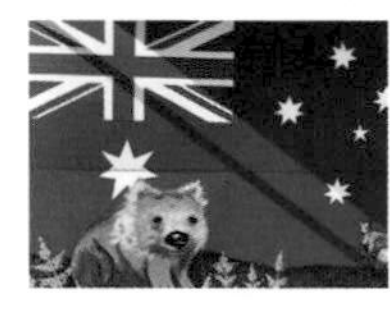

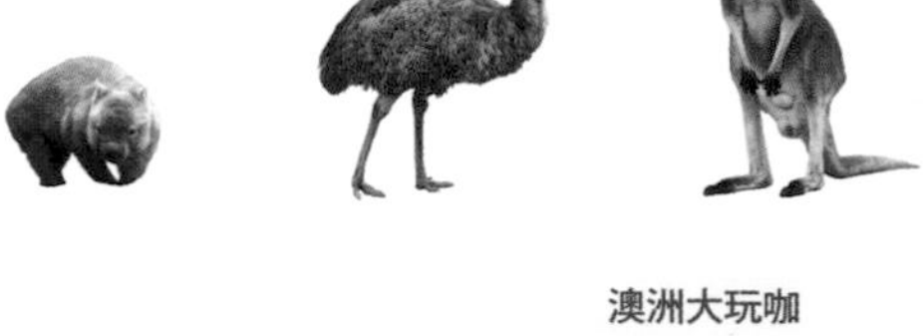

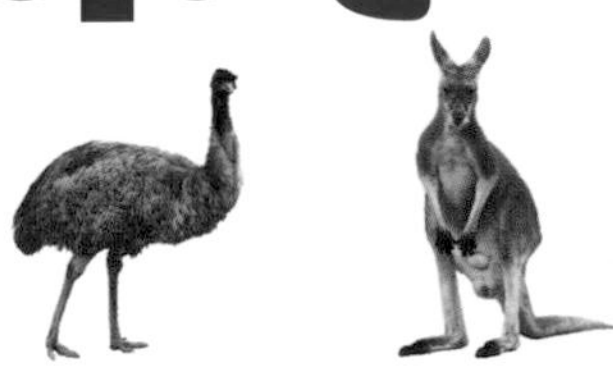

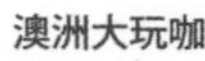

澳洲大玩咖
曾麒鴻(Dary) 著

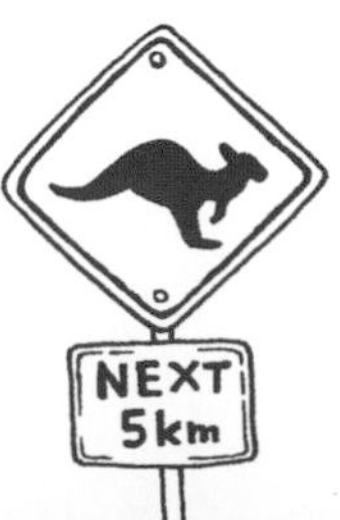

準備好了嗎？
歡迎一起探索澳大利亞！

曾麗鴻

一場美夢的延續，2008年從澳洲打工回來已經整整16年，兩個妹妹在墨爾本落地生根，而我則成為在全世界工作的國際領隊，從沒預料到的人生，卻因為這個決定，改變我們的一生。

在成功大學念研究所的第一年，澳洲和台灣剛簽定雙邊打工度假的計畫，唸完碩一後，我就選擇休學2年，先去完成兵役，再帶著1,700元澳幣，買張單程機票，飛往連很多澳洲人都沒去過的伯斯（Perth）。

當時流行一句話，錢帶的越少，越容易找到工作。的確，我曾在番茄工廠、龍蝦工廠、果園待過，後來在情人節那天機票特價，只花15元澳幣就把我送到達爾文，當時兼兩份工作，上午飯店打掃，下午在餐廳從事kitchen hand工作，百萬年薪不是夢，所以每週花2個小時打電話回老家，不停說服兩個在南投醫院上班的妹妹離職來澳洲打工，最終我們在2008年的6月團聚了。

澳洲，大多數人通常不會列在首要的旅遊清單裡，原因無他，因為玩錯

方式了。國土面積是台灣的214倍大，任意兩座聽過的大城市，距離動輒800～1,000公里遠，跟著旅行團在短天數就有可能把東澳三個城市跑過一輪，最後對於澳洲印象是模糊的；至於團費高低，決定行程中餐食與住宿的等級，當地沒有必吃的料理，但卻可嘗盡世界各地的異國美食，因為工作之故，也跑遍整個澳洲，老實講，當地食物倒是不錯吃，只是不便宜，畢竟他們的時薪工資是我們的快三倍。

打工度假回來後，希望找個常回澳洲的工作，因緣際會之下，來到旅遊業，起初擔任紐澳線的產品企劃。例如客人7、8月要去澳洲，昆士蘭州天氣宜人，但屬於地中海氣候的西澳，夏乾冬雨，7、8月千萬別去；大洋路最知名的景點十二門徒石，上午去拍照光線最佳，但通常旅遊團會同時在下午抵達，拍照逆光，人潮又多，真是可惜。行程規劃是門相當複雜的學問，這本書主要以自駕的角度出發，精心規劃6個區域不同的路線，用最有效率的時間、合理的預算與最適合的方式，讓你玩對澳洲，愛上澳洲。

本書能夠如期完成，非常感謝編輯曹馥蘭、美術設計讀力設計及地圖繪製藍聿昕，因為您們的協助，才能把這本資訊量豐富的旅遊書，透過生動有趣、簡單明瞭的方式呈現，當然還有親愛的家人一路走來的支持，再次謝謝您們的體諒。最後謝謝老友Genego的協助、雅蘭的信任與Kay的支援，才促成這本書的完美。

contents

chapter.
01 關於這塊南方大陸

chapter.
02

玩對澳州，愛上澳州（行程篇）

Part.1 經典必遊

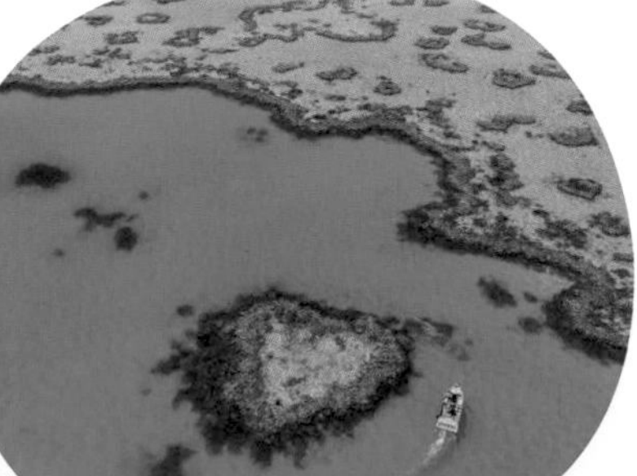

（圖片提供／昆士蘭旅遊局）

Notes.

PLUS. 關於澳洲那些事 -1

Part.2 深度品味

Part.3 超級玩家

chapter.

01

關於這塊南方大陸

Why →

What →

Where →

When →

Who →

How →

出發總是需要個理由，讓我們前進澳洲去！

為何選澳洲 Why Australia ?

①. 飛行距離短☺

大多數人一開始出國旅遊都會選擇中國、東南亞、日本或韓國，如果想去近一點的西方國家，體驗文化差異，通常首選澳洲，目前國內的航空有直飛東澳布里斯本（Brisbane）、雪梨（Sydney）與墨爾本（Melbourne）三大城市，飛行時間約8到9小時，如果假期有限，倒是個不錯的度假選擇。如果未來想體驗深入的澳洲之旅，例如西澳、北領地或塔斯馬尼亞，就得選擇轉機或是搭配其他交通工具才能抵達，但澳洲很廣大，絕對值得一玩再玩。

☝ 小提醒

阿得雷德（Adelaide）、達爾文（Darwin）、伯斯（Perth）、坎培拉（Canberra）、荷柏特（Hobart），目前台灣沒有直飛航班，只能從其他國家或澳洲主要大城轉機。

荷柏特（Hobart）沒有國際航班，只能從澳洲城市轉國內線航班。

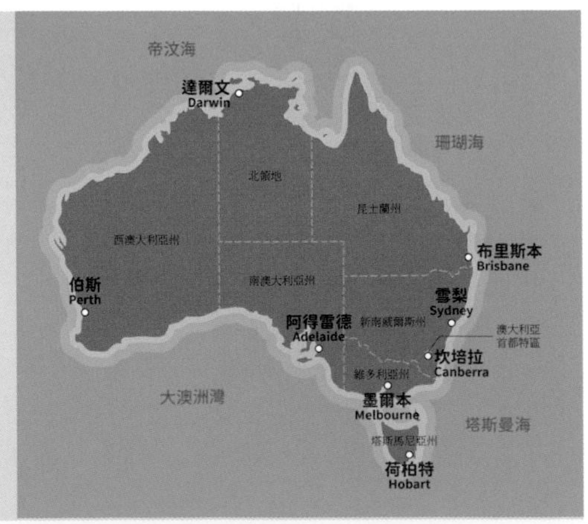

②. 時差較少☺

出國讓人最頭痛的就是時差問題，到美加旅遊，就是日夜顛倒；如果來到歐洲，叫做熬夜在玩，至於紐西蘭？夏天比台灣快5小時，躺在床上早早睡不著，又得更早起趕行程，最後只好在車上補眠。

至於澳洲這麼大，每個地方的時區都不盡相同（見下表格），有的州還會實施日光節約時間，但最多就是比台灣快3小時而已，要調時差不難，我常開玩笑說，來澳洲旅遊會越玩越健康，例如夏天到維多利亞州的墨爾本旅遊，當地晚上11點睡覺，換算台灣時間才8點而已。

澳洲各州時區與台灣的時差

<table>
<tr><th></th><th>西澳大利亞州</th><th>北領地</th><th>南澳洲</th><th>昆士蘭州</th><th>維多利亞州</th><th>新南威爾斯州</th><th>塔斯馬尼亞</th></tr>
<tr><td>10月到隔年4月</td><td rowspan="2">無時差</td><td rowspan="2">快1.5小時</td><td>快2.5小時</td><td rowspan="2">快2小時</td><td colspan="3">快3小時</td></tr>
<tr><td>4月到10月</td><td>快1.5小時</td><td colspan="3">快2小時</td></tr>
</table>

③. 已開發國家，玩法多元☺

◀墨爾本市區有不少歐洲建築，例如在南雅拉的戰爭紀念館，則是參考希臘帕德嫩神廟所建，用來紀念世界大戰不幸罹難的弟兄。

▲左：過去曾有超過1億隻的羊，故又稱騎在羊背上的國度。 右：儘管科技發達，剃羊毛依舊仰賴人力。

得天獨厚的地理環境，殖民初期開啟農業和畜牧業的發展，加上後期發現黃金與礦業帶來的經濟成長，在英國殖民的國家當中，只花短短兩百多年時間，就晉升為已開發國家。地廣人稀，高度城市化，卻沒有大型工業汙染，藍天白雲、清新的空氣品質，是每個來過的旅人最念念不忘的。想體驗鄉村生活、挑戰極限運動、欣賞城市建築、在野外尋找可愛動物，又或是到酒莊品嘗美酒佳餚，只要預算充足，澳洲的玩法，絕對超乎想像。

④. 環境乾淨舒適☺

去過澳洲的人相信都對這裡乾淨的環境感到印象深刻，就算在內陸地區，依舊可以找到公共廁所和衛生紙，但絕不像日本那種一塵不染的高品質要求。

▸公園隨處可見的兒童遊樂設施。

澳洲的大城小鎮， 常見充滿綠地的公園與提供兒童遊憩的公共設施，平日是上班族吃午餐暫時逃離的秘密基地，也是周末全家大小野餐的區域，幾乎很少在草地上發現任何垃圾，一來是有人定期清潔打掃，二來和當地居民的教育素養有關。在這裡旅行，別忘了留點時間，買杯咖啡，躺在草地上曬太陽，暫時當個Aussie（澳洲人）吧！

⑤. 社會安全☺

打開電視機，我們常在某些國家或區域看到恐怖攻擊或移民帶來社會問題等負面新聞，身為人道主義的澳洲，除了過去就有收留難民的政策之外，移民更是促進當地人口成長的關鍵因素。

由於帶團工作，近十年來常常往返當地，但鮮少發生大型危安事件，個人觀察由於地處偏遠，移民來此除了要通過嚴格的條件審查之外，也得具備一定的經濟條件；當然也有不少人是因為來這裡求學，畢業後才決定留下來，所以當地對於外來人的包容性較高，走在路上看到各國人種也就習以為常；至於難民，政府提供相關的補貼政策，協助他們學習新的工作技能，定期安排課程聚會，讓他們儘早適應環境，自然就會減少社會問題的產生。

最後，多虧這些來自世界各地的移民人口，促進當地多元種族與文化的特色，更讓這個英國殖民的國家，增添不少異國料理。

▲
上：令人食指大動的西班牙海鮮飯。
下：香軟鮮美不油膩的法式油封鴨，非常好吃。

去澳洲的目的What purpose

①. 打工度假，增加人生體驗☺

19世紀在墨爾本西邊城市巴拉瑞特發現黃金後，全世界蜂擁來此淘金；21世紀的今天，如果想在短時間內賺到人生第一桶金，澳洲是個不錯選擇。

2004年，台灣和澳洲簽訂打工度假的雙邊條約，2007年我買張單程機票，飛往伯斯，當時澳幣與台幣的匯率是1:30，後來在達爾文同時兼飯店打掃和餐廳助手兩份工，扣完稅後每週平均收入約澳幣700～800元不等，在澳洲只要有份穩定工作，是有機會存到一筆錢的。但對我而言，這一年最大的收穫是累積不同的人生體驗，還有培養解決問題的能力，更出乎意料的是，還徹底改變我跟家人一輩子的命運。趁還年輕，鼓勵現在的年輕人走出去看看世界，一邊工作，順便旅行，why not？

◂ 2008年在達爾文餐廳工作，這位是來自荷蘭的同事，非常有耐心地教我工作上的細節。

②. 觀光探親，一年四季都適合☺

如果你問我，澳洲最適合旅遊的季節是什麼?我會反問，你要去哪座城市旅行呢？像位處在昆士蘭州（簡稱昆省）的黃金海岸，屬於亞熱帶型氣候，夏天潮濕容易流汗，所以冬天（7～8月）乾燥且涼爽，反而是最適合旅遊的季節，每年7月，這裡也是舉辦世界知名馬拉松賽事的城市；至於西澳伯斯，卻恰好相反，地中海型氣候，夏乾冬雨，7～8月建議別去，春天（9～10月）內陸有著萬種野花盛開，倒是相當值得一遊！但如果和我一樣，有家人住在墨爾本，那就另當別論，這座城市一天有四季，怕冷的就選夏天去，怕熱的就挑冬天來，畢竟探親不分季節，這裡的咖啡好喝，市集很好逛，穿梭在英式建築與巷弄之中，處處是驚喜。

▲
左：來到墨爾本，一定要來杯咖啡搭配甜點。
右：袋鼠爪花（Kangaroo Paw）是西澳的州花。

◂ 黃金海岸馬拉松半馬完賽。

③. 留學、遊學或在職進修☺

如果計畫未來讓小孩出國念書，網路google一下，出現的大多是美加、英國或是紐澳這幾個選項，除了考慮學校知名度跟學費之外，當地氣候、生活環境、社會穩定度還有未來的就業也是相當重要，通常綜合評估後，好像澳洲又是個不錯的選項，畢竟加拿大有點冷，英國常下雨，美國的政治比較難預測，紐西蘭工作機會較少；因此，通常來澳洲念書的人會選擇大學或研究所，最後可能移民留在當地。根據QS世界大學的排名，澳洲大學、雪梨大學和墨爾本大學常常名列在百大之中，教育產業每年可是替當地帶來將近100億美金的收入；如果你只是想要來當地短期進修，不妨考慮澳洲公立技職學院TAFE（Technical And Further Education）的課程，舉凡餐飲、護理、汽修、幼兒照顧，甚至咖啡初級的職業訓練課程也有。

▲建校於1850年、歷史悠久的雪梨大學，是南半球和世界著名的高等學府。

▲
左：位於維多利亞市集內的肉攤，地面乾淨、環境衛生，顛覆我們的刻板印象。
右：也許有一天AI機器人可以在果園採收水果。

④. 商務考察☺

幾年前曾帶台灣的高階經理人到昆士蘭州的大學參訪，讓我印象最深刻的是他們正在研究如何讓機器人採收水果，以解決偏遠地區人力不足的問題；還有一年則是帶台灣的農會和政府官員到當地參觀農場與菜市場，台灣的農業技術在全世界享譽盛名，又為何要千里迢迢到澳洲參觀呢？主要是澳洲的規模較大，打工度假時我也在農場採過西洋梨，每天在看不到盡頭的果園，帶著梯子爬上爬下，如何有效管理人力，並在水果成熟前完成採摘，這需要相當的經驗與技術。

提到澳洲的菜市場，舉墨爾本的維多利亞市集為例，一邊在賣咖啡、麵包、香料、熟食……步行不到數十公尺的隔壁，就有在賣新鮮海鮮與肉類的攤販，甚至你也可以在當場買生蠔來吃，地面上很乾淨，空氣中也沒有瀰漫的太多複雜或不舒服的味道，這就是他們對這個菜市場的管理，都有值得我們學習借鏡的地方。

澳洲在哪 Where ？

地理位置：位在南半球，與紐西蘭相隔塔斯曼海；雪梨距離紐西蘭約2000公里。

面積：7,688,000平方公里（約台灣214倍）。

人口數：約2,650萬人（2023年），持續增長中。

年齡中位數：38.3歲（2023年）。

平均壽命：男性81.3歲，女性85.4歲（2023年統計，名列全世界前4名）。

2022年出生率1.63，雖然遠低於2011年的1.92，但比起許多已開發或亞洲國家高出許多。根據美國中央情報局The World Factbook統計，已開發國家的出生率，建議要達到2.0才能維持正常的發展運作，為了增加人口與經濟成長，這方面澳洲也做了其他不少的努力，例如開放的移民政策與背包客的引進等。

季節：與台灣相反。

行政區：劃分為六個州加兩個領地自治區（北領地和首都坎培拉）。

適合旅遊的季節 When

南澳洲：夏天太熱，冬天太冷，建議春秋兩個季節。

昆士蘭州：氣候偏濕熱，推薦4月至 9月（冬天），相當舒爽。

維多利亞州：整年皆可，推薦3月至5月（秋天），觀光人潮通常少一點。

西澳大利亞州：面積遼闊，夏天往南走較涼爽；冬天雨水多，可往北走，春天有野花季。

北領地：戶外健行多，建議4月至9月，白天氣候較涼爽，但日夜溫差大。

塔斯馬尼亞州：四季皆適合，春天賞花，夏天健行，秋天有秋葉，冬天賞雪。

新南威爾斯州：四季皆可，可選有節慶的時候前往，例如跨年煙火或燈光節。

適合旅遊的族群 Who

南澳州：酒莊密集度高，喜歡喝葡萄酒，品味生活的人。

昆士蘭州：樂於參加戶外運動、冒險、刺激活動的愛好者。

維多利亞州：喜愛喝咖啡逛市集，欣賞英式建築的文青、小資族。

西澳大利亞州：步調慢活，熱愛大自然、海邊與鄉村小鎮的人。

北領地：對原住民文化有興趣，想體驗荒野內陸的原始生活。

塔斯馬尼亞州：露營、野生動物與海鮮控的天堂。

新南威爾斯州：知名度太高，因為大家都不會錯過雪梨。

如何前往 How

可利用Skyscanner或Google Flights查詢票價，
以Google Flights為例，如下：

Skyscanner

Google Flights

步驟①：填上出發城市與目的地，去回程的日期。

步驟②：按搜尋後，會根據目前指定的去回程日期，出現不同航班的票價。

步驟③：選「日期網格」，可以搭配不同出發與回程日期，找到合適票價。

國際航班：目前飛往澳洲各大城市的航班

	墨爾本	雪梨	布里斯本	伯斯	達爾文	阿得雷德	荷柏特
直飛	華航		華航／長榮	無			
轉機	新加坡航空、國泰或廉航等。				新加坡航空或當地轉搭國內航班。		只能轉搭澳洲國內航班，或是搭船。

☞ **疫後航班陸續恢復中，若有異動，請詳見航空公司官網。**

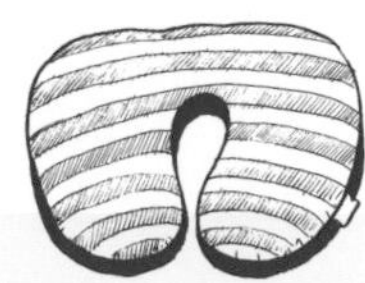

tips

①. 預算足夠，但時間有限，若只玩東澳，建議搭乘直飛航班加國內航班。

②. 若不只玩東澳，建議選擇新加坡航空，因為航線幾乎遍及澳州主要城市，可以選擇A點進，B點出，每次帶團到伯斯都是搭新航，對於服務的專業度與機上餐飲都令我留下深刻印象。

③. 如果要到北領地烏魯魯或塔斯馬尼亞旅遊，就得先飛到雪梨或墨爾本等大城，再轉搭國內航班，票價資訊請參考：

有機會找到便宜機票時，需注意票價的相關規定，例如是否有含托運行李的公斤數、免費更改日期的次數，或有無提供機上餐飲等。

> **小提醒** 墨爾本有Tullamarine（城市代碼MEL）和Avalon（城市代碼AVV）兩個機場，兩者距離約60公里，訂票前，請務必確認，避免錯過航班。

④. 若時間彈性，預算較少，搭乘廉航是個省錢的選擇，個人推薦酷航，因為經濟艙採用空巴A320與波音787機型，對於長程飛行會比較舒服，常有優惠票價。

▲澳洲ETA簽證。

☞電子觀光簽證ETA（subclass601）

簽證效期：一年內可多次進出澳州，每次最多3個月。

申辦方式：手機下載AustralianETA，只能自行申辦（旅行社無法代辦）。

自行申辦，費用澳幣20元，只能刷卡；建議護照效期要超過6個月以上，若過去沒有不良紀錄，通常申辦後24小時就會在email信箱收到簽證通知。

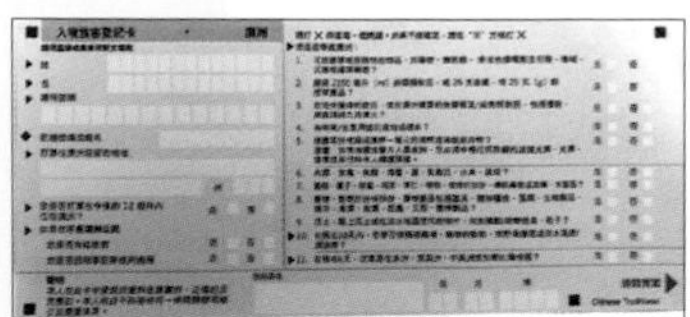

▲入境卡正面。

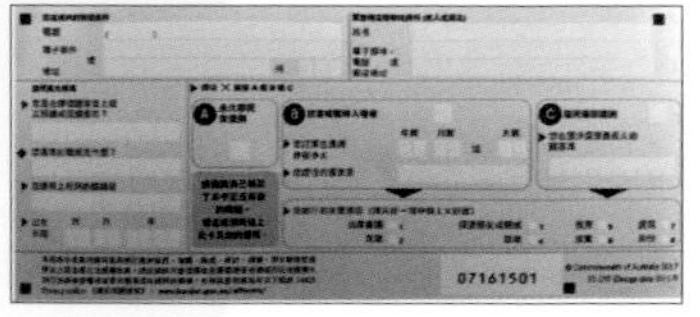

▲入境卡背面。

☞食

當地海關嚴格，舉凡乳製品、水果或肉類雞蛋等食物都不可帶進澳州（詳見入境卡規定），如果怕飲食不習慣，建議帶蔬食泡麵解饞即可。

當地物價不便宜，以下列出餐食預算（澳幣），僅供參考：

咖啡館的早午餐每份約20～30元，咖啡約$5～6。

速食店，每份套餐約10～15元起。

亞洲料理，每份主餐約18～20元起。

西式餐館，每份主餐約25～30元起。

自己下廚，人數越多越划算，建議每餐總預算50～100元（不含飲料酒水）。

1 2 3　1.半份豬肋排餐大約澳幣35～45元。 2.漢堡薯條約澳幣25～30元。 3.咖啡館的早午餐約澳幣25元。

☞衣

澳州與台灣氣候相反，當地日夜溫差偏大，建議洋蔥式穿法。

譬如夏天短袖+薄外套；冬天長袖+背心+外套，外套建議攜帶可防風、防水、輕便且易收納；當地紫外線很強，防曬用具、太陽眼鏡或帽子不可少。

另外，當地電壓是220V，八字形插孔，請帶轉接插頭，因為台灣電壓是110V，除了手機、筆電跟相機的電壓是介於110V-220V（可在當地使用），其他固定電壓（110V）的電器用品需要變壓器加轉接頭才能使用。

1 2
3 4

1.清晨搭熱氣球，帽T搭配羽絨背心。
2.溫度約5～7度，可防風外套再加件羽絨背心。
3.適合在沙地等地形走路的慢跑鞋。
4.輕巧多功能攀岩包，夾層多，可放置不同東西，容易找。

☞住

當地飯店和日本相比，提不上服務可言；建築也沒有歐洲旅館來的歷史悠久，而且偏貴，但我覺得澳州最大的特色是與自然環境共融、適合全家大小、空間偏大（市區除外），以及通常有簡易的廚房設施的住宿。

澳洲常見的住宿類型介紹

	每天預算（澳幣）	適合族群	是否有廚房	是否有餐廳	地理位置
露營區	50 元起	喜歡大自然，有小朋友的家庭。	有（公用）	無	郊區居多
青年旅館	28 元起	背包客或預算有限者。	有（公用）	無	到處都有
公路旅館	120 元起	深度旅遊者	不一定	不一定	郊區為主
特色旅店	200 元起	預算充裕者	無	有	市區或郊區
公寓型旅館	200 元起	適合家庭，計畫下廚者。	有	無	市中心外圍居多

除了跟團之外，在澳洲旅行，找一個有提供廚房的住宿非常重要，畢竟當地物價貴，買東西不方便，自己下廚，還可增添旅行中的樂趣。

其中露營區（Caravan Park）對於澳洲人來説是非常普遍的住宿環境，通常有提供小孩玩的遊樂設施，還有機會看到野生動物，這裡提供三種不同的選擇：

①.（不）充電設施的營地，可以搭自己帶的帳篷。

▸可自備帳篷的露營區。

②. 充電設施的營地，可以住在自己的露營車裡。

③. 獨立小木屋，通常有迷你客廳+廚房+一大床的房間+上下鋪，可以住4～6人不等，非常適合家庭，不論是坐在外面陽台泡茶，發發呆看看書，都是舒服的享受。

Big4 Holiday Parks和Discovery Parks，這兩個是澳洲規模比較大的露營區品牌，我都有住過，設備環境比較乾淨而且有專人管理：

▲在露營區充電的房車。

Big4 Holiday Parks　　Discovery Parks

1 2
3 4 5

1.露營區的獨棟小木屋。2.小木屋內的客廳。
3.小木屋內的廚房。4.小木屋內的主臥室。5.小木屋內的上下舖。

☞行

澳洲太大，如果選擇單一城市旅遊，大城市都有發行自己的交通卡，例如布里斯本是用Go Card，雪梨是Opal，墨爾本則是Myki，有點類似我們悠遊卡的概念，加值後，在當地可以搭乘火車、渡輪、公車、電車等不同交通工具，但城市間的交通卡是不能通用的。

如果是跨城市間的移動，任意兩座大城市間的距離動輒700～800公里以上，有四種方式：

第一，可以選擇自駕，在台灣先換好國際駕照，善用租車比價網站，可以搜尋不同廠牌的車子。

自駕注意事項

①.右駕，遇到斑馬線和圓環一定要停看聽。

②.駛進小鎮或學校，務必降速，否則會有罰單。

③.要根據道路的限速開車，不能超過上面的數字。

④.台灣駕照可是先換國際駕照，在澳洲短期旅遊是可行的。

⑤.在內陸開車，沒有紅綠燈，務必養足精神再開車；切勿在日出或日落開車，因為車燈容易吸引野生動物，造成車禍發生。

⑥.若停在收費停車格，要先繳費再停車，如果附近有標示1P/7am～10pm/Mon.-Fri，代表週一到週五的早上7點到下午10點收費，收費期間每次最多停1小時。

租車比價網站

▸停車規定標誌。

◀ 飛安評比相當好的澳洲航空。

第二種方式搭飛機，這是比較輕鬆也省時的交通選項，票價浮動，建議提早開始研究，看到低價再下手。

第三種可搭乘巴士，目前路線幾乎遍及全澳的是Greyhound，網頁不定期會推出travel pass的套票，例如墨爾本至凱恩斯這條路線，售價澳幣415元，可以在30天內無限次數搭乘。

如果只在雪梨、墨爾本和阿得雷德這三個州之間移動，不妨考慮Firefly，通常票價比Greyhound便宜一些，有時會提供早鳥的優惠票。

Greyhound

Firefly

▲ 從墨爾本搭夜車去阿得雷德。

▲從達爾文開往南澳的甘號列車。

	優點	缺點	行李公斤數
自駕	自主性高，可以抵達的景點較多。	右駕且路況不熟。	放置的空間有限。
飛機	速度快，適合趕時間的人。	提早1.5小時抵達機場辦理手續。	通常需要另外購買。
巴士	座位舒服，可以沿路欣賞風景。	車程較長，必須繞道小鎮讓客人上下車。	通常可攜帶2個20公斤的行李箱。
火車	可欣賞沿路風景，阿德雷德至伯斯這段目前只有火車行駛，沒有巴士。	車程較長，必須繞道小鎮讓客人上下車。	通常可攜帶1個手提+1個20公斤的行李箱。

第四種則是火車，如果只有城市間的移動，我個人不建議，因為位置較不舒服，而且速度很慢，如果時間和預算充裕，建議選搭觀光列車，主要有The Ghan（達爾文到阿得雷德）、Indian Pacific（雪梨到伯斯）、Great Southern（布里斯本到阿得雷德）、The Overland（阿得雷德到墨爾本）這四條經典路線。

火車預訂網址

☞育樂

在澳洲購物，相關的退税規定如下：

離境日期的60天內，在同一個ABN號碼（發票上可找到）的店家消費滿澳幣300元的發票（可分次累積），税率約9%～11%，發票上GST金額即退税金額；手機可先下載TRS APP，輸入相關資料後會收到一個QR code，過海關後出示條碼，可加速退税流程。

▲行李托運前，把要退税的相關資料備足，拿到這裡，在發票上蓋過章後，商品即可放入托運行李。

退税流程：

離境當天要把商品、發票、護照拿到入關前的退税單位查驗，如果是鞋子衣服類的商品，工作人員會在發票上蓋章，這些東西即可放在托運行李箱內，之後進海關後再辦理退税流程；如果是iphone、手錶或精品等貴重物品，工作人員不會蓋章，請把東西手提入海關後，找到TRS辦理退税流程。

退税方式只有支票、澳洲銀行帳戶或信用卡三種，整個流程通常需時兩個禮拜以上。並不是每樣東西都可以退税，例如旅館或租車費用、免税商品、酒精飲料或是部分超市購買的商品等等。

chapter.

02 玩對澳州，愛上澳州

（行程篇）

「世界這麼大，時間與預算都有限，如何玩到每個國家的盡興，很重要！

以下分享由我規劃，從東澳到西澳還有北領地的精華路線，請跟著走遍澳洲大小鎮的 Dary，一同探索精采的澳大利亞。」

Part. 1
經典必遊

Routes_1
行程一

全 球 跨 年 煙 火 的 焦 點

雪 梨

Sydney

MUST DO

參加跨年煙火倒數、買票進雪梨歌劇院（Sydney Opera House）看場表演、杰維斯灣（Jervis Bay）出海看海豚、藍山國家公園（Blue Mountains National Park）住一晚、在藍色海洋公路（The Grand Pacific Drive）自駕、爬港灣大橋看日落夜景。

Dary 眼中的雪梨

　　她，無疑的是南半球最耀眼的一座城市，尤其在2000年的奧運過後，更把她推向世界舞台；每年跨年煙火也是全球矚目的焦點，吸引來自世界各地的觀光客來此參加這場盛會；沒有上千年的歷史古建築，但雪梨歌劇院卻是所有藝術表演者畢生要登上的舞台之一；天然的港灣，還有貌似衣架的鋼鐵拱橋，在歌劇院與藍天的襯托下，是一張張美麗的明信片；夜晚的燈光秀，更增添了這座城市的璀璨絢麗。她是每個來到澳洲的旅客，絕對不會錯過的城市——雪梨。

▲岩石區最好吃的司康。

▲五彩繽紛的燈光倒映在水中，越夜越美麗的雪梨港灣，散步、賞景……在露天座位喝杯酒，氣氛好極了！

新南威爾斯州基本資訊

建城時間 ▸ 1788 年。

首府 ▸ 雪梨（Sydney）。

州動物 ▸ 鴨嘴獸（Platypus）。

州鳥 ▸ 笑翠鳥（Kookaburra）。

州花 ▸ 紅火球帝王花（Waratah）。

交通方式 ▸ 目前有華航直飛。

面積 ▸ 801,150 平方公里。

人口 ▸ 826 萬（截至 2023 年 6 月統計）。

人均 ▸ 約 8.6 萬澳幣。

產業 ▸ 服務業（金融、醫療、教育、零售）為主，部分的製造營建業。

旅遊方式 ▸ 跟團或自駕。

建議天數 ▸ 6 ～ 12 天（不含搭機時間）。

每日預算 ▸ 每人每天 250 元澳幣起。

旅遊型態 ▸ 逛街購物，城市風光，參加節慶。

最適旅遊季節 ▸ 整年度都可，要參加跨年至少半年前要預訂住宿。

▲岩石區週末市集聚集各式各樣的攤位。

▲中央月台，共有27個月台，全澳之冠。

旅程設計理念

雪梨是座很適合自由行的城市，大多景點都在市中心，透過步行或結合大眾交通工具均可抵達，近郊的藍山國家公園最美的時刻在清晨，建議住上一晚才能深刻體會她的美；假如旅遊天數較長，不妨自駕，往南邊的藍色公路行駛，可欣賞南太平洋的海景，再到國家公園健行，沿途造訪當地小鎮，喝咖啡吃早午餐，雪梨可以玩得更豐富。

▲三姊妹岩步道的盡頭，可以近距離慢慢欣賞其迷人風采。

➜➜ 從雪梨出發，往西到藍山國家公園，再到東南方的杰維斯灣，最後往北回雪梨。

雪梨行程簡表

D1
藍山國家公園
住一晚

→

D2
熱帶雨林健行
自然奇景噴水洞

→

D3
啤酒廠 X 葡萄園
濱海 BBQ

↓

D4
杰維斯灣出海
尋找海豚

←

D5
太平洋藍色公路
outlet 購物趣

←

D6
雪梨市區觀光

↓

D7
塔龍加動物園
雪梨歌劇院
看表演

→

D8
爬大橋看夜景
岩石區市集

▲號稱全世界最美的商場，維多利亞女王大廈。

雪梨 ➜ 卡圖姆巴（Katoomba）

早餐 Paper Plane Factory Café或The Shed Cafe & Catering Eastern Creek。

上午 直接開往藍山國家公園住一晚，可在Wentworth鎮上買肉派，再帶去溫特沃斯瀑布景觀台（Wentworth Falls tracks Lookout）享用，這裡過去是當地原住民聚會的重要場所，風景優美，現在是當地著名的觀光景點。

午餐 Mountain High Pies，澳式傳統肉派。

下午

㊖ 藍山國家公園

位在雪梨以西約100公里處，屬於大藍山區世界遺產的一部分，全區共有七座國家公園，山上生長著各種尤加利樹（桉樹），揮發的油脂在空氣中經過陽光折射呈現出藍霧，故取名藍山，藍山擁有雄偉壯觀的大自然景色，其中又以尤加利原始森林、亞熱帶雨林及優美的天然瀑布而聞名，四季景色皆不同，春天櫻花、桃花和海棠花盛開，秋天有楓葉、白樺和落羽杉，相當值得一訪再訪。

▲藍山國家公園最美的在黃昏或清晨，只有在這裡住上一晚，才有機會看到如此景觀。

▲聯合國教科文組織於2000年將藍山國家公園列為世界自然遺產，這是著名景點三姊妹岩。

㊞ Scenic World纜車體驗

有三種不同的纜車，黃色的「Skyway」可以看到Katoomba瀑布，纜車中間有一條透明區域，站在上面感受一下驚險與刺激；建議先搭全世界最陡的紅色列礦車「Railway」因為可以聽到來自世界各地觀光客的尖叫聲，下到山谷走完充滿芬多精的步道與參觀礦坑之後，再搭藍色的「Cableway」上來，途中可見三姐妹岩、孤兒岩和隱士山。

▲搭乘藍色的「Cableway」是來到藍山國家公園的體驗之一。

1 1.迴音谷新蓋好的步道，可從更廣闊的角度欣賞藍山的美。
2 2.沿著三姊妹岩步道走，從不同角度可以瞭望整座山谷及三
3 姊妹岩的壯麗景色。
3.旅宿餐廳外面的草地，清晨雲霧繚繞在山谷中彷如仙境。

三姊妹岩步道

相傳在卡圖姆巴部落有三位姐妹，她們同時愛上了山下的Nepean族兄弟，由於當時法律禁止通婚，後來她們的戀情引發兩族戰爭，族裡的巫師為了保護三姐妹於是先把她們變成石頭，但後來巫師戰死，三姐妹卻再也無法變為原來的人形，只能一直守候在山谷，這就是三姐妹岩美麗的傳說故事。

步道入口就在從迴音谷（Echo Point）旅遊服務中心旁，來回約30分鐘，是一個可以近距離欣賞的機會，但務必注意安全，步道前半段平坦好走，最後會有段相當傾斜的階梯。

夜宿

推薦Fairmont Resort Blue Mountains by Mgallery，設計相當典雅的一間旅宿，吃早餐的餐廳，透過落地窗可以看見清晨的氤氳瀰漫在藍山的山谷之間，仿如人間仙境一般。

Day 02 卡圖姆巴 ➜ 臥龍崗（Wollongong）➜ 米納穆拉熱帶雨林中心（Minnamurra Rainforest Centre）➜ 凱阿瑪（kiama）

早餐 旅館內用。

上午

往杰維斯灣方向開去，大概2小時後抵達臥龍崗，這是新州的第三大城，也是負責出口礦業的工業港，可以先到Longboard Café點杯咖啡，再到旗桿燈塔（Flagstaff Point Lighthouse）欣賞海景。

▲臥龍崗燈塔景致。

午餐 可在百年歷史的The Berry Hotel享用，吃飽再去逛The Treat Factory糖果專賣店。

下午

米納穆拉熱帶雨林中心

位在Budderoo國家公園內，推薦2條輕便好走的步道，分別是Lyrebird loop walk（1.6公里）跟Minnamurra Falls walk（4.2公里），沉浸在森林之中，聽著鳥叫聲，呼吸森林裡的芬多精，還有機會看到琴鳥、橫紋長鬣蜥與黑尾袋鼠。（安全考量，步道最後進去的時間是下午3點或4點，請儘早抵達。）

凱阿瑪噴水洞（Kiama Blowhole）

據說在2.6億年前由火山熔岩流出後所形成的，Kiama在當地Wodi Wodi原住民語代表海洋發出聲響的地方where the sea makes a noise，過了臥龍崗往杰維斯灣方向會經過這個迷人小鎮，據說這是全世界最大的噴水洞，在1797年12月，喬治．貝斯George Bass將捕鯨船停留在此做為避風港時，卻意外發現這個天然奇景，隨即吸引不少觀光客前來，目前最高噴水柱的歷史紀錄是30公尺。

夜宿 凱阿瑪小鎮（可預訂有廚房的住宿）。

凱阿瑪 ➜ 諾拉（Nowra）➜ Huskisson or Vincentia

早餐　Parfait Patisserie，法式糕餅店。

上午　天氣好的時候，可以順路去馬鞍山景觀台（Saddleback Mountain Lookout），從高處俯瞰農田平原與南太平洋的風景；接著再到Gerringong小鎮的私釀酒廠（Stoic Brewing）品嘗當地啤酒，部分優惠時段有澳幣1元雞翅。

▲沿途可見的酒莊景致。

午餐　The Hungry Monkey Berry，吃飽後可以去逛逛The Treat Factory糖果專賣店。

下午

Silos Estate Berry

1870年由蘇格蘭人John Wiley買下土地，開始經營農畜牧業，中間經過幾次脫手後，在2007年由Sophie和Rajarshi開啟多角化經營，不只品酒，還有提供用餐與住宿的選擇，特別的是這裡所有電力都是來自太陽能跟風力發電，利用吃剩的食物拿去做肥料，過濾雨水再提供給住客使用，這裡也是澳洲少數結合環保概念的葡萄園，目的就是希望減少碳排放足跡。

途經諾拉小鎮，建議在Nowra Fresh Fish & Meat Market（新鮮魚肉超市）購買晚餐食材。

▲ 品酒後，坐在戶外享受美食。

BBQ 食材建議清單

牛排、洋蔥、玉米、蘆筍、生菜沙拉、當季水果、啤酒、馬芬、烤肉醬、吐司或長條麵包、香腸、洋菇、薑汁汽水、奶油、果汁……

▲ 冬天的葡萄園。

晚餐 自行下廚或BBQ。

夜宿 Huskisson或Vincentia小鎮。

杰維斯灣（Jervis Bay）一日遊

左：杰維斯灣搭船出海賞鯨豚。
右：隨時都有野生海豚出沒的驚喜。

㊉ 杰維斯灣

是個面積約102平方公里的海灣，這裡有長達2.5公里的白沙步道（White Sands Walk），從格林菲爾德海灘（Greenfield Beach）出發，步行到世界上最白的「海姆斯海灘（Hyams Beach）」，一旁是湛藍清澈無瑕的海水，有機會可看到野生袋鼠，每年的5～11月也是杰維斯灣著名的賞鯨季節，除此之外，也可以看到海豹、企鵝、瓶鼻海豚跟海鳥等。

除了坐在船裡出海賞鯨豚之外，也可以參加有點刺激的Summer Boom Netting，身體浸泡在網子圍成的迷你泳池，旁邊就是大海，三不五時水花濺起，相當有趣。

早午餐 5 Little Pigs，餐點精緻美味，建議提早訂位。

下午 放空，或是海邊走走發發呆，建議去Huskisson Bakery & Café買塊胡蘿蔔蛋糕，食材紮實，也是當地常常排隊的烘焙坊。

◀ 當地烘焙坊的蛋糕與咖啡。

晚餐 Flamin Galah Brewing Co 或 Jervis Bay Brewing Co，附近兩家精釀啤酒廠，有興趣可以再去品嘗一下。

夜宿 Huskisson或Vincentia小鎮。

Day 05 杰維斯灣 ➜ 藍色海洋公路（The Grand Pacific Drive）➜ Birkenhead Point購物商場 ➜ 雪梨

▲代表澳洲的無尾熊相關紀念品，是很不錯的伴手禮。

早午餐 Chaseyboy Dapto，除了料理美味外，這裡的咖啡豆也是深受當地人喜愛。

上午

藍色海洋公路

全長約140公里，依山傍海而建，從雪梨南部的皇家國家公園開始，至南部海灣的Shoalhaven Heads結束，是澳洲風景相當優美的一條公路，沿途可見寬廣無際的海景、翠綠的農田、迷人的漁港小鎮以及特殊的海岸奇岩異石。海崖大橋位在臥龍崗到雪梨的海邊懸崖上，是藍色海洋路中最精華的一部分，這座懸浮在空中的懸臂天橋依陡峭懸崖而建，蜿蜒飄逸在南太平洋之上，連結Coalcliff與Clifton，全長665公尺。

下午

▲若停留時間有限，或巧遇換季大拍賣，應有盡有的購物商場是血拼最佳的選擇。（圖片提供／Nikki Tseng）

Birkenhead Point

雪梨最大的購物商場，離市區不遠，澳洲當地與國際性品牌都有，藥妝、部分品牌的球鞋和行李箱有時比台灣便宜，如果遇到換季拍賣，回國前倒是可以好好採購一番。

Rozelle Collectors Markets

露天二手市集，只有在週六早上9點到下午3點營業，如果剛好遇到，可以順道去逛逛，挖挖寶。

夜宿 雪梨市區。

Day 06 → Day 08 雪梨市區觀光 ➜ 雪梨機場

市區散步路線，從植物園出發，達令港海事博物館結束，建議分兩天比較不趕。

ⓗ 雪梨皇家植物園（Royal Botanic Garden Sydney）

建於1816年，占地30公頃，大概有四萬多種植物，因為離市中心不遠，又有雪梨之肺的美稱，是澳洲最古老的植物園跟科學研究機構；在麥覺里夫人椅Mrs Macquarie's Chair附近，可以同時遠眺雪梨歌劇院、港灣大橋與雪梨塔；而The Calyx是近期IG網紅的打卡景點，這裡也是當地澳洲人休閒慢跑的地方。

◂ 花木扶疏的雪梨植物園。

ⓗ 新南威爾斯畫廊（Art Gallery of New South Wales）

建於1974年，館內主要收藏15～20世紀歐洲美術與19～20世紀澳洲、英國與亞洲的現代藝術作品，外觀是結合新古典主義與羅馬神廟的設計風格；隔壁北館North Building是在2020年決定進行增建計畫，總共投入44億澳幣，邀請普利茲克獎建築師SANAA妹島和世、西澤立衛為新館設計一座開放式、無障礙的藝術空間，這也是妹島和世、西澤立衛在澳洲的首件作品，透過高低起伏的山坡，往港灣Woolloomooloo的方向，設計一系列由方形展亭組成的建築，此計畫最大亮點是將二戰時海軍在地下的儲油槽空間，打造成為一座2,200平方公尺、挑高7公尺的天花板下沉式畫廊，特意保留當時的圓柱狀的管線，為空間增添一種神秘色彩。

▲澳大利亞現存最大且最古老的聖瑪莉大教堂。

㊙ 聖瑪莉大教堂（St. Mary Church）

天主教神父來到澳大利亞的隔年（1821年）所建，於1865年毀於大火，目前看到的是另外耗時六十多年用當地砂岩重建，於1828年完工；至於雙尖塔則是在2000年才加修完工，長107公尺，中殿寬24.3公尺，天花板高22.5公尺，中心塔高46.3公尺，前塔和尖塔的高度為74.6公尺，目前是澳洲最大的哥德式教堂。走進教堂內部，眼前所見的巨大圓柱支撐著整個拱頂，大型莊敬的管風琴，在一扇扇彩繪玻璃的透光下，瀰漫著神聖的氣息。

▲占地廣大，海德公園綠樹成蔭。

㊒ 海德公園（Hyde Park）

取名自英國倫敦的Hyde Park，是澳洲最古老的公園，占地約16公頃，整體呈現長方形，中間被Park街分成兩側，北邊可以看到由法國藝術家Francois Sicard設計的阿齊保噴泉（Archibald Fountain），象徵第一次世界大戰澳法兩國結盟，從這裡以聖瑪莉大教堂當背景拍照，最美；南邊則是紀念世界大戰犧牲的紐澳軍團紀念碑，雖位處市中心，中午時會看到很多躺在草地上曬太陽或吃午餐的上班族，是個相當舒適的地方。

㊒ 雪梨塔（Sydney Tower）

位在市區的「Westfield百貨公司」上方，是雪梨中央商業區中最高的建築物，塔高305公尺，是澳洲僅次Q1的第二高獨立建築，也是南半球第二高的觀光塔，僅次於紐西蘭的天空塔，有景觀台、旋轉餐廳或戶外空中漫步三種方式眺望市景，這裡也是跨年可以欣賞市區全景煙火的地點之一。

㊒ 維多利亞購物商場（Queen Victoria Building）

坐落在現代化中央商業區的一棟拜占庭式建築，建於1893年，長190公尺，寬30公尺，法國設計師Pierre Cardin曾用「世界上最美的購物中心」來形容她。外部採取的是羅馬風格的圓形屋頂，內部處處可見古典優雅的彩繪玻璃窗與花紋地磚，過去是聚集各種攤販的市集，後來遷移到其他地點後，原本要面臨拆除命運，因緣巧合在一位馬來西亞商人來雪梨商務旅行中，決定向政府申請取得QVB經營權，在1986年耗資7,500萬美金翻修，打造成當地頗具特色的購物商場，總共有地上3層加地下1層，從精品、服飾、居家用品到餐廳咖啡館應有盡有。

▲南半球最美的購物商場QVB。

◀維多利亞購物商場外觀，結合巴洛克與文藝富形式的建築風。

⊕ 澳洲海事博物館（Australian National Maritime Museum）

坐落於達令港，館內展出航海、原住民、探險歷史、海洋科學、文化與藝術等主題相關的藝術品及展覽品，大約有4萬件；戶外不定期會有仿造庫克船長奮進號HMB Endeavour的木造船隻、吸血鬼號驅逐艦HMAS Vampire（澳洲最後一個重型火砲船）與HMAS恩斯洛號潛水艇停泊在碼頭，如果剛好遇見，相當建議上船參觀，可以一窺從古至今，不同船隻的設計功能及演化，相當有趣。

郊區必去 / 建議建每個景點至少預留半天時間，可購買雪梨的交通OPAL卡使用。

曼利海灘（Manly Beach）

從環形碼頭搭渡輪約30分鐘，這裡有樹木茂密的海濱長廊，以及連綿不絕的細緻海灘，不只可以衝浪玩水，還有相當完整的單車路線，玩累了到鎮上找間餐館品嘗一下異國料理，吃飽喝足，街上也有不少特色店家可以好好血拚一番。

▲寧靜舒適的曼利海灘。

㊉ 塔龍加動物園（Taronga Zoo Sydney）

可從環形碼頭Circular Quay搭渡輪前往（約12分鐘），一來可以從船上欣賞港灣大橋跟歌劇院的美景，二來速度比較快，不會塞車，動物園內除了澳洲經典的有袋類動物之外，夜行性動物、老虎、大象、長頸鹿也有，在不同時段還有各種動物的表演，由於蓋在山丘上，參觀的時候需要爬上爬下，記得穿雙輕便好走的鞋子。

㊉ 邦迪海灘（Bondi Beach）

以水清沙細、碧波蕩漾著稱，是當地人非常喜歡度假放鬆的海灘之一，也是很多衝浪好手的訓練基地。海灘兩側布滿砂岩岬，風景優美，如果不敢下海游泳，不妨到Bondi Icebergs的游泳池，也可以一邊欣賞海景一邊游泳，再找家咖啡館，發發呆，享受當地的優閒時光。

▲Bondi海灘的游泳池。

必玩

▲雪梨歌劇院不但是雪梨市的著名地標，也是世上最美麗的建築之一，每一個角度拍攝都好看。

訂票網址

雪梨歌劇院

二戰過後的雪梨並沒有一個大型演奏音樂的場所，當時的新南威爾斯州州長約瑟夫．卡希爾Joseph Cahill在1955年舉辦歌劇院設計比賽，向世界徵稿，參賽作品規定必須有一個能容下3,000人的大廳和一個能容下1,200人的小廳，共收到來自32個國家的233件參賽作品，最後由來自丹麥的建築設計師約恩．烏松Jørn Utzon獲選。於1959年正式動工，期間因為政黨輪替、預算透支加上多次更換設計師，結果導致工程延宕，前後花了14年時間，超出預算約12倍（約1億澳幣）才興建完工，在2007年被聯合國教科文組織評為世界文化遺產，每年有超過1,600場的藝文活動在此演出，跨年煙火更是吸引了全世界各地的目光，如果說她是南半球最耀眼的一座城市，可真一點也不為過，建議買張票入內看場表演或聽音樂會（入內參觀，建議預先訂票）。

▲除了外觀吸睛，雪梨歌劇院內部華美瑰麗，值得預先訂票入內參觀。

▲港灣大橋是雪梨三大代表景點之一。
▼在港灣大橋上，捕捉夕陽照映在歌劇院的一瞬間。

訂票網址

㊟ 爬港灣大橋

（需預先訂票，建議日出或黃昏）

建於1923年，歷經10年才完工，總共斥資澳幣625萬，全長502公尺，寬48.8公尺，有8個車道、2條鐵軌、1條自行車道及1條人行道，是一條連接雪梨北岸與中央商業區的重要通道，最高處位在海平面134公尺，目前是世界上最高的鋼鐵拱橋，也因為這個特殊外型，所以又有「衣架」的稱號。建議可以走一段港灣大橋，從高空俯瞰雪梨歌劇院的美景，或報名參加攀爬大橋的行程，這可是來雪梨必做的其中一件事，價錢根據每天時段與行程內容而定。

㊕ 跨年煙火

在南半球最耀眼的城市迎接新年的到來，應該是件令人期待的事，如果計畫參加這場盛會，建議至少半年前要訂好住宿跟機票，接著選擇在哪跨年？基本上，雪梨歌劇院、港灣大橋、達令港、植物園、岩石區等地點都可以看到煙火，但如果預算充裕，不妨搭船在海上或是到雪梨塔從高處俯瞰整個市中心的煙火施放，絕對讓你此生難忘！

㊕ 雪梨燈光節（Vivid Sydney）

每年的5～6月正當澳洲進入冬季，觀光客減少的同時，擅長行銷的澳洲人在2011年開啟了雪梨燈光節的活動，讓淡季不淡，反而吸引更多旅客選擇此時造訪，透過音樂、燈光與3D動畫，從環形碼頭、植物園、歌劇院、中央商業區、海關大廈一直到岩石區，把夜晚的雪梨照亮的更加精采。

相關網址

左：海關大樓前的雪梨燈光節。 右：滿滿人潮的雪梨燈光節。

㊕ 同性戀大遊行（Sydney Gay and Lesbian Mardi Gras）

是全球最歡樂且最盛大的遊行活動，每年可吸引超過上萬名跨州和國際訪客。舉辦地點主要在牛津街（Oxford Street）上，整場活動就像是場熱鬧的嘉年華會，這也堪稱是世界級的慶典之一，如果剛好巧遇，不妨可以來體驗一下澳洲文化的多元與包容性。

必逛必吃

▲雪梨魚市場外觀。

㊕ 雪梨魚市場

為南半球最大的露天魚市場，環境保持相當整潔乾淨，現場有提供現點現做的海鮮料理，或是直接購買海鮮拼盤、老虎蝦、生蠔或炸魚薯條等熟食，再到戶外長桌用餐並欣賞港灣風景，建議別餵食海鷗，否則牠們可是會來搶食喔！如果對料理有興趣，這裡也有提供各式各樣的烹飪課程。

▲在雪梨魚市場可以採買各式各樣新鮮的漁獲。

㊉ 岩石區（The Rocks）和週末市集

這裡是1788年歐洲殖民者最初抵達上岸的地區，因為看到許多外露的砂岩地質，故取名為岩石區。早期是充斥罪犯、軍人、水手、街頭幫派的喧鬧聚居地，現在轉變為充滿歷史古蹟、特色酒吧與紀念品店的區域；每個週末上午10點至下午5點有非常熱鬧的市集可以尋寶一下，累了不妨到知名的司康下午茶店The Tea Cosy坐下來好好品嘗一番。

1.岩石區尖碑，三面分別是軍官,婦女跟罪犯，象徵第一批來的移民。
2.岩石區週末市集的藝術繪畫攤位。
3.岩石區人氣美食Pancakes On The Rocks 豬肋排。
4.岩石區人氣午茶The Tea Cosy必吃司康。

夜宿 雪梨市區。

Part.1
經典必遊
Route_2
行程二

昆士蘭

你一直在尋找的地方

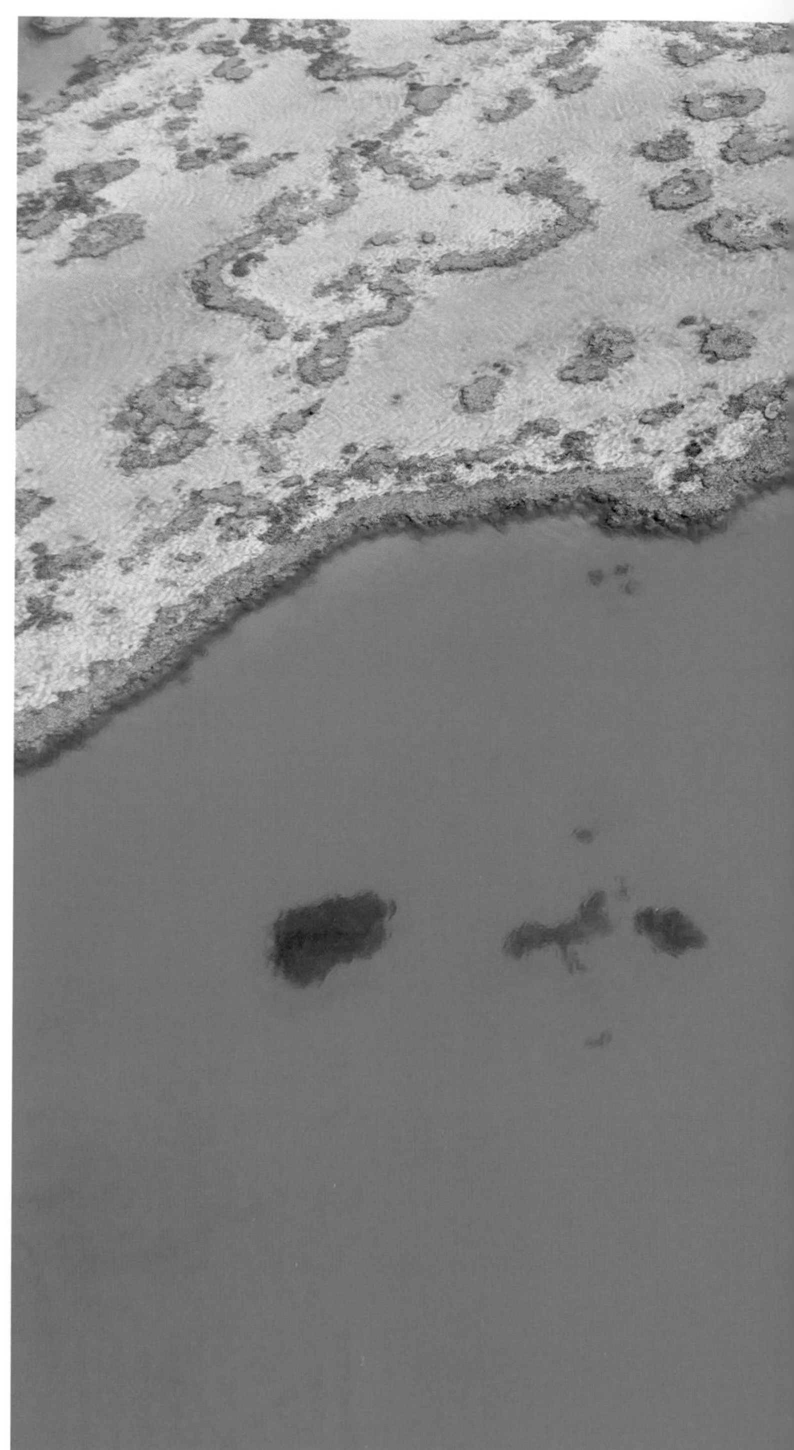

（圖片提供／昆士蘭旅遊局）

Queensland

MUST DO

搭直升機俯瞰心型珊瑚礁、參加黃金海岸馬拉松和看太平洋日出、考張 PADI 潛水證書、在南太平洋海邊 BBQ 配啤酒、和可愛無尾熊拍照、搭世界最長纜車漫遊熱帶雨林。

Dary 眼中的昆士蘭

一個步調快不起來的地方，在這裡很容易讓人跟著慢起來，或許是因為這裡的海，靜靜的潮起潮落，清晨看著太陽從南太平洋緩緩上升，內心有種莫名的平靜；又或許是因為這裡的陽光，每年有超過300天不下雨，讓人們總是找到理由喝著清涼啤酒，坐在酒吧裡聊起天來。親近大海可是最棒的享受，搭熱氣球從空中俯瞰，或是背著氣瓶潛入大海之中，戴上太陽眼鏡，穿著短褲跟夾腳拖，好好暢遊這個充滿戶外冒險活動的陽光之州吧。

◀ ▲ Ballistic啤酒廠。（圖片提供／昆士蘭旅遊局）

昆士蘭州基本資訊

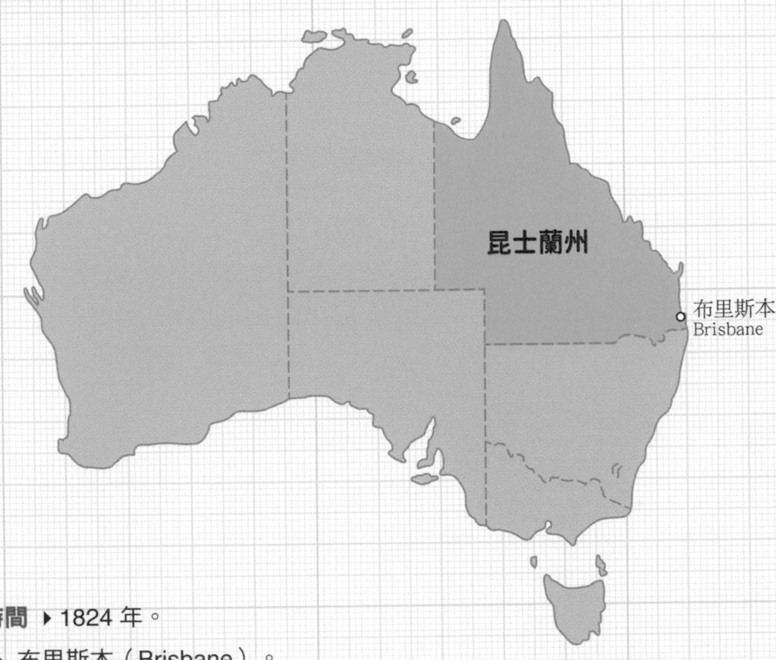

建城時間 ▸ 1824 年。

首府 ▸ 布里斯本（Brisbane）。

州動物 ▸ 無尾熊（Koala）。

州鳥 ▸ 澳洲鶴（Brolga）。

州花 ▸ 庫克鎮蘭花（The Cooktown orchid）。

交通方式 ▸ 目前台灣有華航跟長榮直飛。

面積 ▸ 約 1,853,000 平方公里（約台灣 51 倍大）。

人口 ▸ 約 524 萬（截至 2023 年 6 月統計，原住民與托雷海峽島民佔總人口約 3.6%）。

人均 ▸ 約 8.6 萬澳幣。

產業 ▸ 農業、礦業、畜牧業與服務業。

旅遊方式 ▸ 跟團或自駕。

建議天數 ▸ 約 10 天（不含搭機時間）。

每日預算 ▸ 每人澳幣 300 元起。

旅遊型態 ▸ 海岸線的公路之旅，喜歡戶外刺激冒險活動的人。

最適旅遊季節 ▸ 建議春秋冬三個季節，夏天偏濕熱。

▲布里斯本市區的游泳池，週末不少當地人來此BBQ。

旅程設計理念

如果不是要去黃金海岸參加馬拉松賽事，那就去大堡礁吧！世界級的自然景觀，也是澳洲最經典的海洋生態。

▲黃金海岸搭乘百萬遊艇體驗富人生活。

▲昆士蘭原住民正在演奏傳統樂器didgeridoo。

{ROUTE MAP}

艾爾利沙灘
Airlie Beach
聖靈群島
Whitsundays Islands
麥凱
Mackay
羅克漢普頓
Rockhampton
班德堡
Bundaberg
費沙島
Fraser Island
哈維灣
Hervey Bay
昆士蘭州
錫罐灣
Tin Bay
努沙角
Noosa Heads
陽光海岸
Sunshine Coast
布里斯本
Brisbane

↑↑ 從布里斯本（Brisbane）出發，往北沿路玩到艾爾麗沙灘（Airlie Beach），再飛回布里斯本。

昆士蘭行程簡表

D1 前進陽光海岸 → D2 努沙國家公園輕健行 → D3 與海豚的親密接觸

↓

D4 世界最大沙島——費沙島 → D5 探索薑汁汽水的發源地 → D6 遇見南歐小鎮

↓

D7 世界奇景——心型礁 → D8 白天堂沙灘浮淺趣 → D9 享受最後的發呆

▲在昆士蘭搭直升機，空中俯瞰海岸線的美景。

▲每年10～12月是紫楹花盛開的季節。

布里斯本 ➜ 陽光海岸（Sunshine Coast）

上午

白馬山景觀台（Wild Horse Mountain Scenic Lookout）

來回約1.5公里，微陡但慢慢走即可，山頂上可以360度同時看到Beerburrum東州立森林、玻璃屋山環境保護區（Glasshouse Mountains Environment Reserve）全景。

早午餐 Hungry Jack's Burgers Glasshouse Northbound，澳洲版的漢堡王，有吃牛肉的可以嘗嘗雙層起司華堡。

下午

Maddock Park on Ewen Maddock Dam

Ewen Maddock大壩主要是供應昆士蘭州東南方的飲用水，平常也會開放給遊客烤肉、露營、野餐和遛狗等活動，周遭有不少輕便好走的步道可以走走。

點卡特賴特燈塔（Point Cartwright Lighthouse）

有著絕美的海景，走到點卡特賴特海灘剛好是Mooloolah河的出海口。

陽光海岸

位於布里斯本北邊，當地政府為了平衡南北發展，把這區的幾個郡shire整合成為陽光海岸，有別於黃金海岸，知名度較低，也比較沒那商業化，主要吸引海內外短中期度假的遊客。

▲陽光海岸的庫倫海灘（Coolum Beach）。（圖片提供／昆士蘭旅遊局）

晚餐 Harry's On Buderim，坐落在Buderim森林附近的一家澳洲現代料理餐館，主打創意料理，環境與氣氛相當不錯。

夜宿 陽光海岸附近。

陽光海岸➜努沙角（Noosa Heads）➜錫罐灣（Tin Can Bay）

上午 往努沙岬開去的路上會經過，陽光海岸市集（Sunshine Coast Collective Markets，週日早上8點到中午12點），楊迪娜市集（Yandina Markets，週六早上6點到中午12點），如果剛好遇到，可以品嘗當地農產品與逛逛手工藝品。

⑬ 薑餅人工廠（The Ginger Factory）

坐落在副熱帶花園內，可以了解薑的生長過程、搭百年小火車遊甘蔗田、品嘗蜂蜜相關的產品或是漫步在雨林之中，非常適合親子共遊的場所。

▸大人小朋友都愛的薑餅人工廠。（圖片提供／Nikki Tseng）

早午餐 Kismet Tonic & Espresso，居家風格的設計，用花和植物跟料理上做裝飾，也提供不少蔬食的選擇。

下午 ⑬ 努沙國家公園（Noosa National Park）

▴努沙國家公園成立近85年。（圖片提供／昆士蘭旅遊局）

成立於1939年，占地面積大約3,000公頃，涵蓋努沙角、韋巴湖、鵜鶘山、佩雷吉安和庫魯姆海灘周圍等地區，國家公園內有許多輕鬆好走的步道，從努沙國家公園停車場出發，怕迷路的可以選擇Palm Grove Walk，繞一圈約1.1公里；想要森呼吸多一點芬多精的，可以選Noosa Hill Walk，再銜接Tanglewood Walk回來，約3.7公里；體力好的可以選擇Coastal Walk，大約10.8公里，但不用全程走完，重點是沿途會經過Boiling Pot景觀台、Tea Tree Bay海灘、Dolphin Point景觀台、Granite Bay海灘與地獄之門等，慢慢走，欣賞美麗的海景，累了就往回走。

晚餐 Sails Restaurant。

夜宿 錫罐灣附近。

2
1 3
4

1.努沙國家公園海岸風光綺麗。（圖片提供／昆士蘭旅遊局）
2.努沙街上隨處可見的衝浪板租借店。（圖片提供／Nikki Tseng）
3.在市集可以買到農場直送的新鮮蔬果。
4.每週日的努沙農夫市集（Noosa Farmers Market），營業時間為早上6點到中午12點。

努沙國家公園

Day 03 錫罐灣 ➜ 哈維灣（Hervey Bay，在 River Head 碼頭上船）

早餐 Barnacles Café。

上午 ⑪ 錫罐灣餵海豚（Dolphin Feeding Tin Can Bay）

▲錫罐灣可以體驗餵食野生海豚。（圖片提供／昆士蘭旅遊局）

錫罐灣是由9隻座頭海豚居民所組成的家園，最早追溯到1950年代，當時有一隻受傷的海豚擱淺在Barnacles Café附近，當地人看到後照顧牠且開始餵食，取名為Old Scarry，即便康復後回到海上，也會定期回來接受人們餵食，後來就有第二代第三代海豚承襲這個傳統，把此當作休養與食物的來源之一。現在每天早上7到8點之間開放海豚餵食，當地會有志工協助，費用約10元澳幣，切記不能任意碰觸海豚，拍照時要關掉閃光燈，只能用保育中心提供的魚餵食，畢竟是野生海豚，無法保證每天都會游回錫罐灣接受餵食。

午餐 Santini Pizza E Cucina，甜點和手工冰淇淋也很好吃的義式餐館。

下午 建議搭下午1點的船前往費沙島（Fraser Island）。島上的活動與住宿可以參考這幾家業者，出發前務必提早預訂交通船加島上的活動與住宿。

相關網址

相關網址

▲費沙島擁有潔淨無瑕的沙灘，也是世界遺產。（圖片提供／昆士蘭旅遊局）

⊕ 費沙島

世界上最大的沙島，長122公里，寬22公里，總面積約1,630平方公里，原住民Buechulla族稱為K'gari（天堂的意思），可以搭四輪驅動奔馳在千變萬化的沙丘上，又或是在清澈見底的麥肯錫湖（Lake McKenzie）游泳，島上主要景點都在東岸，因為一般車子無法在沙島上行駛，建議參加當地的一日遊較為便利。切記島上有野生汀狗（Dingo），這是相當危險的動物，千萬不要任意靠近。

晚餐 島上餐廳。 **夜宿** 費沙島上。

費沙島一日遊

建議報名Kingfisher Bay Resort's adventure package套裝行程，包含：

①.兩個晚上的住宿加早餐

②.從River Heads出發的來回船票

③.整日搭乘4DW島上導覽加國家公園門票

◂ Kingfisher bay渡假村。（圖片提供／昆士蘭旅遊局）

⊕ 導覽景點

McKenzie湖、75英里海灘公路、Wanggoolba溪、摩頓島（Maheno Island）沈船與尖峰石鎮的彩色沙灘、Pile山谷的Brush Box森林等。（僅供參考，以業者實際提供為主。）

小提醒

出發前準備防曬用具，泳褲泳裝和礦泉水即可。

早餐 旅館內用。 **午餐** 套裝行程已含。 **晚餐** 島上餐廳。

夜宿 費沙島上。

◂ 摩頓島沈船導覽。
（圖片提供／昆士蘭旅遊局）

▾ 費沙島森林風光。
（圖片提供／昆士蘭旅遊局）

Day 05 River Heads ➜ 班德堡（Bundaberg）➜ 格蘭斯頓中心（Gladstone Central）

早餐 旅館內用。

上午 建議搭乘上午10點30分的船回到River Heads碼頭。

午餐 Grunske's by the River，小鎮上的魚市場，從豐盛的海鮮拼盤到簡單的炸魚薯條都有提供。

下午

㊍ 班德堡

昆士蘭州的第十大城，中央商業區位在內特河的南岸，是澳洲非常重要的農業區，又有萊姆酒之城的暱稱。

▸班德堡有種結合東南亞殖民城市的風情。（圖片提供／Yu-Ling Tseng）

㊍ 澳洲夏威夷豆（Macadamias Australia）

成立於1958年，目前由第二代與第三代偕同經營，早期用來種花生、玉米和蔗糖的土地，經過改良後，也開始種起番茄跟櫛瓜，直到2004年引進夏威夷豆，因為平坦的地形、肥沃的土壤，加上亞熱帶氣候與穩定的水源，這裡提供全澳洲80%的堅果產量，近期更結合觀光旅遊，是一個可以認識夏威夷豆生產過程，還有享用咖啡早午餐的好去處。

◂
上：漫步在種植夏威夷豆的農園之中。（圖片提供／昆士蘭旅遊局）
下：夏威夷豆觀光工廠，採購伴手禮的好去處。（圖片提供／昆士蘭旅遊局）

㊉ 班德堡萊姆酒蒸餾場（Bundaberg Rum Distillery）

蔗糖是昆士蘭省非常重要的經濟作物，透過蒸餾製成萊姆酒，過去早在1888年菲力蒲船長登陸澳洲的時候，就把萊姆酒帶入澳洲，甚至一度用來作為金錢交易的貨幣，如果對萊姆酒有興趣也不妨參觀了解一下。

▶班德堡萊姆酒蒸餾場。（圖片提供／昆士蘭旅遊局）

㊉ 班德堡大桶子（The Bundaberg Barrel）

▲班德堡大桶子主生產薑汁汽水。（圖片提供／Yu-Ling Tseng）

創立於2005年，主要展示班德堡釀造飲料公司所生產的碳酸飲料，該公司創立於1960年代，是一間家族企業，主要生產非酒精飲料，並出口到全世界各地超過60個國家，平常我們在超市看到的薑汁汽水ginger beer就是這家公司生產，雖然名稱有Beer（啤酒），卻是沒有含酒精的汽水。

㊉ 蒙里普斯海龜中心（Mon Repos Turtle Centre）

提供瀕臨絕種的赤蠵龜一個安全的築巢與孵蛋的場所，同時致力於研究、保育與教育等功能。

1.寓教於樂的Mon Repos海龜中心。（圖片提供／昆士蘭旅遊局）
2+3.每年10月至隔年3月是赤蠵龜產卵的季節。（圖片提供／昆士蘭旅遊局）

晚餐 Palace Tea Garden Chinese Restaurant，平價快速的中式料理。

夜宿 格蘭斯頓中心鎮上。

Day 06 格蘭斯頓中心 ➜ 羅克漢普頓（Rockhampton）➜ 麥凱（Mackay）➜ 艾爾麗沙灘（Airlie Beach）

早午餐 Gardens Tearooms，坐落在花園裡的咖啡館，環境相當舒適。

上午 往麥凱前進，約450公里，中途可以在羅克漢普頓休息吃東西。

下午

麥凱

珊瑚海沿岸的港口城鎮，是澳洲最大規模的甘蔗種植區之一，又有澳洲的糖都之稱，過去大量使用南海島民作為契約工，在1918年曾被颶風摧毀，事後採用西班牙傳教的設計風格重建這座城市。

市區逛起來有點南歐的風味，但明明又是座澳洲的小鎮，推薦Gelatissimo Mackay的義式手工冰淇淋；THE DISPENSARY Coffee · Kitchen · Bar這裡的咖啡、餐點與裝潢，在在都令人驚豔。

▲羅克漢普頓，充滿南歐風味的小鎮。（圖片提供／Yu-Ling Tseng）

晚餐 Sorrento Restaurant & Bar，可以欣賞夕陽的碼頭餐廳。

夜宿 艾爾麗沙灘小鎮（可預訂有廚房的住宿）。

聖靈群島（Whitsunday islands）直升機之旅

▲美得令人屏息的愛心珊瑚礁。（圖片提供／昆士蘭旅遊局）

相關資訊

今天睡到自然醒，再去吃個Brunch，然後下午搭乘事先預訂的直升機，俯瞰世界知名的心型礁（Heart Reef），接著逛逛超市，採買傍晚烤肉的食材，輕鬆愜意地度過一天。

關於空中俯瞰聖靈群島的珊瑚礁，建議預先報名，在KKDAY或KLOOK有不少資訊，或是本頁QRcode，也有提供不同業者的行程，基本上大概都是飛行1小時，可根據預算選擇水上飛機Sea Plane（最貴），可以停在小島玩水；直升機Helicopter（中等價位），人數少視野好；小飛機（較便宜），人多可看到的視野有限。

早午餐 Rufus & Co. Café，可看到遊艇碼頭的早午餐咖啡館。

tips

大堡礁是昆士蘭州旅遊的主要重點，從班德堡外圍的埃里奧特女士島（Lady Elliot Island）開始往北延伸到巴布亞新幾內亞的托雷海峽，全長約二千多公里，大約有九百多座島嶼與300座珊瑚島，總共分布在三十四萬多平方公里的面積裡。

▲搭直升機從空中欣賞愛心珊瑚礁。（圖片提供／昆士蘭旅遊局）

行程推薦位在艾爾麗沙灘外圍的聖靈群島，以背包客跟當地觀光客居多，搭直升機從空中俯瞰「心型」珊瑚礁是這裡的最大賣點，甚至還可以在船上過夜，以大海的珊瑚礁為床的概念，看著滿天星空，絕對是非常特別的旅遊體驗。

▲艾爾麗沙灘一景。（圖片提供／昆士蘭旅遊局）

晚餐 超市採買BBQ。

夜宿 艾爾麗沙灘小鎮（可預訂有廚房的住宿）。

Day 08 推薦聖靈群島一日遊

●白天堂海灘絕對值得列入此生一定要來一次的名單中。（圖片提供／昆士蘭旅遊局）

早餐 自行料理。

建議參加聖靈群島的白天堂海灘（Whitehaven Beach）一日遊，市場上行程大同小異，早上出發，到白天堂海灘玩水，可能包含SUP或浮潛，接著搭乘小艇到希爾灣景觀台（Hill Inlet Lookout），午餐通常是buffet自助餐，島上還有約6公里長的健行步道（可根據自己體力參加），下午自由活動，傍晚回到Airlie Beach，主要的價差在於搭哪一種船前往。

✪ **雙體船（Catamaran）▸**
較貴，空間大，比較舒適，適合家庭選擇。

✪ **Whitsunday Island卡蜜拉號（Camira sailing）▸**
較貴，適合喜歡待在甲板曬日光浴的人。

✪ **海洋漂流快艇（Ocean Rafting）▸**
較便宜，因為速度較快且刺激，適合背包客或不容易暈船的人。

如果待的天數較長，且預算允許，相當推薦在海上過夜的行程，平均每天費用從每人澳幣200～450元不等，主要差別在於房間的大小、餐食安排與所使用的船型而已。

▲在純淨無污染的綠松色海水中戲水或浮潛都是一大享受。（圖片提供／昆士蘭旅遊局）

㊉ 修特港街（Shute Harbour Road）

市中心最熱鬧的區域，餐廳、旅館、紀念品店和咖啡館，應有盡有，想逛街購物的，這裡應該可以滿足你的需求。

▸ Fat Frog Beach Cafe。
（圖片提供／昆士蘭旅遊局）

晚餐 KC's Bar & Grill，頗具澳洲風味的餐館，不定期會有Live Band，是個吃牛排和啤酒的好去處。

夜宿 艾爾麗沙灘小鎮。

Day 09 聖靈群島機場 ➜ 布里斯本機場 ➜ 台北

睡到自然醒，到碼頭走走，再前往離艾爾麗沙灘約40公里的Whitsunday海岸機場，機場代碼是PPP（代表Proserpine），飛往布里斯本。

如果想要購物，建議搭乘上午的班機回布里斯本，機場附近有DFO Brisbane，超市、藥妝店或服飾球鞋等品牌，應有盡有，可以趁最後半天時間採購一番，提醒營業時間只到晚上6點。

如果要考張PADI潛水證，可參考QRcode PADI，在開放式的水域訓練，約2.5～3天時間，費用約澳幣850元（以牌價為主）。

如果想來點刺激的skydive，全澳洲很多地方都可以跳，但總是要挑風景獨特的再跳，這樣也比較值得。

PADI　skydive

夜宿 機上。

Notes.

昆士蘭州最知名的黃金海岸與凱恩斯為何沒有規劃在行程之中？

㊉ 如果想去黃金海岸（Gold Coast）

◀
左：想抱可愛爆表的無尾熊拍照，在昆士蘭州機率最高。
右：黃金海岸為澳洲第六大城，水上活動盛行是這裡一大誘因。

建議在台灣跟旅行團即可，一來比自助旅行划算，二來可以在有限時間內玩遍大多重要景點，如何挑選行程？

①.建議先玩黃金海岸單一城市或雪梨加黃金海岸雙城；墨爾本務必單獨深度旅遊，至少10天剛剛好。

②.每天團費至少台幣9,000元起，想吃多一點精緻料理或體驗不同住宿環境，建議每天預算台幣13,000元起。

③.若行程有參觀動物園或鳥園，可以抱無尾熊拍照，一定要拍，在其他州或許有機會，但昆士蘭州是最容易拍到的地方。

㊉ 主題旅遊推薦：黃金海岸馬拉松

▲
左：黃金海岸馬拉松是南半球的熱門體育賽事。
右：最後1公里，幽默的澳洲人舉著寫「痛苦就要結束」的牌子幫大家加油。

①.每年7月的第一個周末舉辦，堪稱是全世界跑道最平坦，風景最優美的一場賽事。

②.通常半年前開放報名，建議機票跟住宿也要提早預訂，賽事舉辦期間很多道路封閉，只能靠大眾運輸工具。

③.我曾經帶團跑過半馬，事先不妨準備些較舊的薄長袖，賽事當天一早可以穿，開始跑的時候，掛在旁邊欄杆，最後主辦單位會統一蒐集並捐贈給需要的國家；比賽結束後隔天，記得去當地報攤買報紙，根據傳統，會把前一天參賽者的名字和成績刊登在報上，這也是在澳洲當地上報的好機會。

▸ 加黃金海岸馬拉松是我人生很美好的體驗。

如果想去凱恩斯（Carina）

可以從布里斯本搭乘國內航班，抵達位於北邊1,700公里處的凱恩斯，這裡是大多觀光客前往大堡礁的主要門戶，市中心有個超大泳池可以BBQ；也有夜市與賭場，雖然身處澳洲，卻多了點亞洲的風味。

建議連續住在這裡3到5晚，不要換飯店，可報名參加不同的戶外活動，舉凡泛舟、熱氣球、水陸兩用車、浮淺、skydive（跳傘）、雨林纜車、觀光火車、騎馬和高空彈跳等戶外活動，觀光資源豐富，也比較商業化。

1 2 3　1.大堡礁潛水前的課程。 2.熱氣球初體驗。 3.雨林纜車。

tips

在時間預算允許之下，我更推薦自駕的路線，從布里斯本出發，往北沿著陽光海岸，一路玩到聖靈群島，既可以看到美美的海岸線，但又不會有太多的觀光客，充分享受道地的度假氛圍。

PLUS.

關於澳洲那些事 -1

㊗ 小人物也可以做大事

澳幣從1995年開始，全面採用塑料材質，這種材質耐磨、不怕洗，可長期使用，而具有良好的防偽效果。採用這種防水材質，有種說法是因為怕喝醉的澳洲人忘了放在口袋的鈔票，連同衣服被洗衣機給洗爛了。不論是否屬實，這些色彩繽紛，每張印有澳洲人物與當地動植物的圖案，背後的故事可有趣呢！

鈔票除了5元之外，正反面分別是男性和女性所組成，有100元、50元、20元，10元，以及5元等幣值；硬幣的部分，金色較小的是2元，上面刻有原住民長者跟南十字星，比較大的金色反而是1元，這點與紐西蘭相反。銀色的5角刻有澳洲國徽，分別是袋鼠和鴯鶓。鴯鶓是世界上除了鴕鳥以外最大的鳥類，這兩種只會向前走的動物，象徵澳洲持續進步。另外，硬幣還有2角、1角及5分錢。

澳幣100元

音樂家內莉・梅爾巴（Dame Nellie Melba），曾在世界各地巡迴演唱，是當地第一位享譽國際的女高音，帶給人們許多動人心弦的美聲。

約翰・莫納什將軍（Sir John Monash），曾擔任一戰的軍事指揮官，也投入維多利亞州的建設工程，貢獻許多，故當地大學、高速公路，甚至醫院都是用他的名字來命名。

澳幣50元

澳洲原住民作家兼發明家，大衛・尤奈邦（David Unaipon），發明家也是作家，長期為原住民爭取福利。中間透明處是西澳的州鳥——黑天鵝和西北澳金柏利常見的耳莢相思樹。

女性社會工作者埃迪絲・科恩（Edith Cowan），終身致力爭取婦女與兒童權益，後來成為歷史上第一位女議員，西澳的埃迪絲・科恩大學就是以她的名字命名。

澳幣20元

瑪莉．瑞比（Mary Reibey），因為偷馬被流放到澳洲，牢獄結束後，留在當地從事貿易工作，由於丈夫早逝，獨力扶養兒女，因而投入慈善機構與學校教育，獲得許多澳洲人的尊敬。

約翰．福林（John Flynn），世界第一家飛行醫院的創始者，目前約有77輛飛機在內陸偏遠地區提供急診與初診服務，也是現今皇家飛行醫生的前身。

澳幣10元

班卓．帕特森（Banjo Paterson），是位詩人，所寫的〈馬蒂爾達〉Waltzing Matilda是流傳百年的非官方國歌，也是千禧年雪梨奧運閉幕歌曲。
丹恩．瑪麗．吉爾摩（Dame Mary Gilmore），活躍於新南威爾斯州的新聞機構與原住民基金會的作家，她的詩歌想像豐富、用詞簡單，不時散發與原住民以及社會弱勢的關注情懷。

澳幣5元

英國女皇伊莉莎白二世，澳洲在1901年正式成為澳大利亞聯邦，是個主權獨立的國家；1986年終止英國國會對澳洲的立法權後，伊莉莎白二世目前只是象徵性的元首。

澳洲首都坎培議會大廈，中間是澳洲國花荊棘金合歡花以及東尖嘴吸蜜鳥（Eastern Spinebill）的圖案，牠以花蜜為主食，是種很嬌小可愛的鳥類。

澳幣從2016年直到2020年底，陸續更新，延續前一版的顏色與尺寸設計，人物隨著年齡增長，也都寫實的呈現，除此之外，新增觸覺辨識功能，讓盲胞可透過觸摸的方式來辨別幣值。其實背後有個小故事，在雪梨，有位天生視力受損的青少年Connor，從小必須依靠媽媽來辨認幣值，某年聖誕節，他收到一張鈔票當作禮物，但他很傷心無法知道這張鈔票的金額。於是，他的母親開始發起請願書，請求澳大利亞儲備銀行能夠增加紙鈔的觸摸功能，在當時引起廣大迴響。所以最新的版本加入了凸起的觸摸功能，方便盲人朋友辨識使用，可以看見澳洲政府在追求平等上的用心。

㊒ 超市好好逛，當地必買必吃有什麼？

左：Coles超市。
右：Woolworths超市

在澳洲旅遊，不論是自駕或跟團，最重要的景點非超市莫屬，尤其自由行，外食真的不便宜，就算當地人也鮮少上餐館用餐，所以出發前學會下廚，很重要！

Coles與Woolworths是當地最大的兩間生鮮超市，這裡隨時都買的到魚肉或新鮮蔬果，兩間互為競爭對手，不定期會推出某商品超特價的訊息，有時間多看多比價就對了；ALDI是間來自德國的連鎖超市，這幾年經營的還不錯，已經有超過500家分店，強調天天便宜，果然也受到不少婆婆媽媽的青睞；IGA主要分布在澳洲的大城小鎮，尤其是偏遠的鄉下，東西選擇多元，售價稍貴一點，但很方便性。

澳洲超市主要賣的都是生活必須品或未經加工的農產品為主，例如吐司、牛奶、麥片、茶包、果醬、奶油及麵粉等，這些東西通常比台灣便宜，如果自由行，倒是個省錢的選擇。個人推薦鬆餅粉，先加牛奶，再用奶油去煎，用藍梅和覆盆子點綴，最後淋上楓糖，再配上黑咖啡或濃郁紅茶，這樣的早餐外面要賣30元澳幣左右。至於午晚餐，買塊牛排回去煎，撒點玫瑰鹽，搭配現成沙拉與搗爛水煮馬鈴薯（smash potato），務必要買瓶紅酒，有時住在露營區，和家人共同下廚，這也是旅行中的一種樂趣。

如果跟團，逛超市就得買些零食回台灣分享給親友同事品嘗，推薦如下：

Vegemite果醬：這是伴隨當地人成長回憶的味道，這是從酵母與穀物中萃取的果醬，據說是100多年前一名維多利亞州的藥劑師發明的，把它塗在烤過的吐司上，越薄越好，再淋上一層蜂蜜，這是非常道地的吃法。澳洲影星《金鋼狼》的男主角休傑克曼，上節目宣傳電影《羅根》時，就拿Vegemite果醬塗在吐司當場吃了起來，看起來很美味。世界大戰時，軍隊糧食不足，就用Vegemite作為營養補充來源，我曾經看過澳洲友人用Vegemite醃羊腿，再拿去烤，吃起來還不賴。

◂ Vegemite果醬。

唐寧茶包TWININGS：售價是台灣的四分之一，除了經典的英式紅茶、伯爵茶或綠茶，還有大吉嶺紅茶、薄荷茶、草莓芒果、水蜜桃、甘菊等，推薦澳洲限定的「Australian Afternoon」，喝起來比紅茶濃郁，外包裝還有袋鼠圖案；另一款是立頓出品的Chai Latte，這是有添加香料的奶茶，在尼泊爾與印度是相當普遍的飲品，台灣目前買不到。

▴茶包不重也方便帶回台。

洋芋片：品牌眾多，常會有做半折的促銷活動，個人最愛又油又鹹的品牌Smith，藍色是原味、綠色是雞汁口味，可以嘗試粉紅色salt&vinegar（醋）的口味，相當特別，有可能讓你一口接一口；想吃點健康的，SUNBITES強調70%用全麥穀物製成的洋芋片，吃起來也比較少油不鹹；RED ROCK DELI這牌子很少特價，品質很好，喜歡吃辣的，推薦sweet chilli & sour cream（甜辣&酸奶）口味。

▴
左：SUNBITES薯片。
右：RED ROCK DELI甜辣酸奶口味。

優格：若喜愛吃優格，千萬別錯過Gippsland Dairy這牌子，強調用最高品質的牛奶製成，口感綿密，不甜，小罐跟家庭號兩種包裝，有芒果、莓類跟太妃糖等口味。

Olina's Cookies：疫情之後，新推出的手工餅乾，有奶油脆餅、三層巧克力跟橘子巧克力三種口味，單獨吃偏甜，一定要搭配紅茶或黑咖啡，口感扎實，味道濃郁，一不小心會一口接一口。

▴
左：Olina's Cookies奶油原味。
右：Olina's Cookies巧克力口味。

▲懶人鬆餅粉，加入牛奶搖一搖，用奶油煎，3分鐘美味可口上桌。

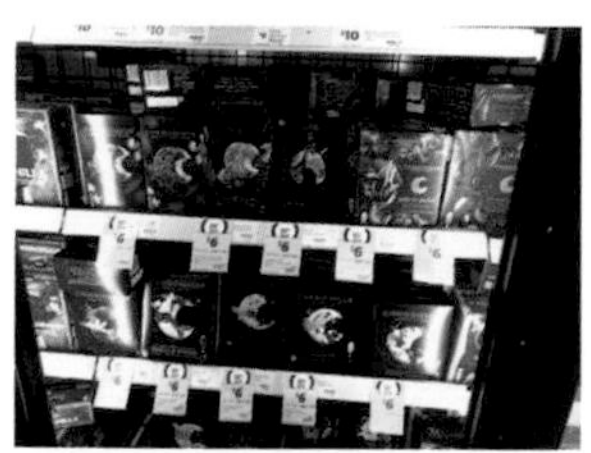
▲Connoisseur冰淇淋。

▲自助結帳，先把所有商品放左邊，掃描後的東西再放右邊秤重。

▲自助結帳，分現金或信用卡，千萬別走錯。

懶人鬆餅粉：只需要加入牛奶或水，充分搖一搖，用奶油和小火去煎，加上覆盆子或藍梅等水果，再淋上蜂蜜，就是非常好吃的早餐或下午茶。

Chai latte：這是立頓在澳洲獨賣的口味，利用尼泊爾印度香料來做奶茶，味道類似肉桂味，在咖啡館也可以點來喝，個人不喜歡肉桂味，但是一款可以接受的香料奶茶喔。

冰淇淋：Magnum或Connoisseur是當地不錯吃的品牌，推薦焦糖蜂蜜或夏威夷豆的口味。

除此之外，像蛇造型的糖果、袋鼠餅乾、台灣也買的到的Tim Tam巧克力等等，我倒是覺得還好，有需要的話再買，最近餅乾區有滿多新品牌，強調天然的手工餅乾，不妨可以嘗嘗。最後提醒，講究環保的澳洲，購物袋是要收費的，可以自備；結帳大多都是自助結帳為主，掃描產品的條碼後，記得放在另一邊的磅秤秤重，螢幕才不會出現錯誤的訊息；結帳通道有分只收現金或信用卡，務必要走對。

Westfield是澳洲連鎖品牌的購物中心；DFO專賣過季折扣商品；Myer和David Jones則是百貨公司，以上提到的商場，在澳洲各大城市幾乎都有；如果想買藥妝，chemist warehouse應該是當地規模最大的，主要都是賣初階，強調低價的商品為主，若想買一些中高階的產品，建議可找其他的藥妝店（pharmacy）品牌。

小提醒 如果在同一家店，發票上是同一個 ABN 號碼，滿 300 元澳幣，是可以享有退稅的福利。

㊓ 海邊、啤酒與烤肉Beach, Beer and BBQ，這就是Aussie

澳洲的海岸線超過3萬公里長，至於海邊更有12,000個之多，每天參觀一個，大概要花32年才能玩遍，18世紀正當英國殖民來到澳洲，看到這裡美麗的海灘，忍不住跳下去玩，結果有不少意外發生。

20世紀初，白天禁止淋浴的法令解除後，不願意放棄接近大海機會的澳洲人，陸續在各地成立衝浪救生協會Surf Life Saving Australia，以昆士蘭州為例，救生協會俱樂部中有超過3萬名志工，他們很志豪的說：只要在海邊兩個紅黃旗中間玩水，也就是救生員視線範圍內，絕對是零死亡率。除此之外，在這些俱樂部之中，介於5至13歲且具備基本游泳技能的孩童，可以參加由救生俱樂部提供的Nipper課程，內容涵蓋在大海中游泳、沙灘跑步、基本的急救概念、救生課程與划板等等，讓孩子在玩樂中學習，也可以趁機結交新朋友，同時這也是一項非常好的家庭活動。

1 2
3 4

1.救生員視線範圍在紅黃旗之間，也是游泳玩水安全的區域。
2.澳洲救生員的標準穿著。
3+4.小小救生員訓練中。

澳洲人天性樂觀，平常沒有太多的儲蓄觀念，社會福利制度又好，加上週週領薪，每逢星期五下午，在酒吧總是隨處可見滿滿的人潮，只見啤酒接著一杯又一杯。200多年前，當時在澳洲流通的貨幣是英鎊，因為從英國運來的數量不足，導致有不少人私下用萊姆酒交易，引起社會很多問題，後來政府帶頭，開始釀造啤酒，鼓勵大眾改喝啤酒，現今每個州都有代表性的啤酒，例如昆士蘭州的XXXX；維多利亞州是手榴彈形狀的VB；塔斯馬尼亞州是用袋狼當酒標的Cascade；南澳州是Coopers；西澳州是位在Fremantle的Little Creature；新南威爾斯州則是Tooheys。不過這幾年，澳洲人更愛小眾私釀的啤酒，我曾經住在一個當地澳洲人的家裡，真的不誇張，家裡的啤酒就是一箱一箱的買，聽說在疫情期間，啤酒的銷售量可是大幅成長呢！最後提醒，在澳洲超市不賣酒，要到有執照的bottle shop才買的到，而且酒只能在餐廳、酒吧或家裡喝，不能隨便在外面飲用。

你今天barbie了沒？澳洲人的日常，社交生活靠啤酒，家庭聚會就是到海邊、公園或動物園走走，遇到國定假日，喜歡呼朋引伴，找些親友去烤肉，

1 2
3

1.兩款來自塔斯馬尼亞的啤酒。
2.餐餐都要來杯清涼啤酒。
3.選擇眾多的澳洲啤酒。

barbie其實就是BBQ的簡稱，早期移民者主要經營農業或畜牧業居多，環境衛生沒有現在好，導致蒼蠅很多，所以講話用字常常縮短，譬如電視television→tele，空調air condition→aircon，蔬菜vegetables→veges，早餐breakfast→brekkie……深怕就是發完全部的音節，也順便把蒼蠅給吞進去的概念。這裡BBQ不需要準備烤肉架與炭火，因為公園或海邊都有政府規劃的烤檯，大多都是免費的，而且有人清掃，你只要事先去超市採買食材，就可以輕鬆完成這項活動，漢堡排、香腸、洋蔥、烤肉醬、麵包、沙拉等等，這些都是當地人基本必備的食物，我個人倒是很喜歡買奶油塗在玉米，再用鋁箔包起來烤、生菜加蘆筍去炒、煎牛排再撒點玫瑰鹽，有時超市會賣醃過的烤肉串，最後買塊草莓奶油蛋糕當甜點，如果是在自家後院烤，當然清涼啤酒是少不了。

過去旅遊走馬看花，現在則是希望在一個地方待久，深度體驗，甚至動手料理，3B（Beach、Beer和BBQ）是我覺得來到澳洲必做的三件事，別忘了放在你這次的旅遊清單裡。

1.公園海邊隨處可見的烤肉台。
2.超市採購，準備BBQ食材。
3.牛排和香腸是BBQ不可或缺的主食。
4.澳洲旅遊最好玩最好吃的一餐。

Part.2
深度品味
Route_1
行程一
Melbourne

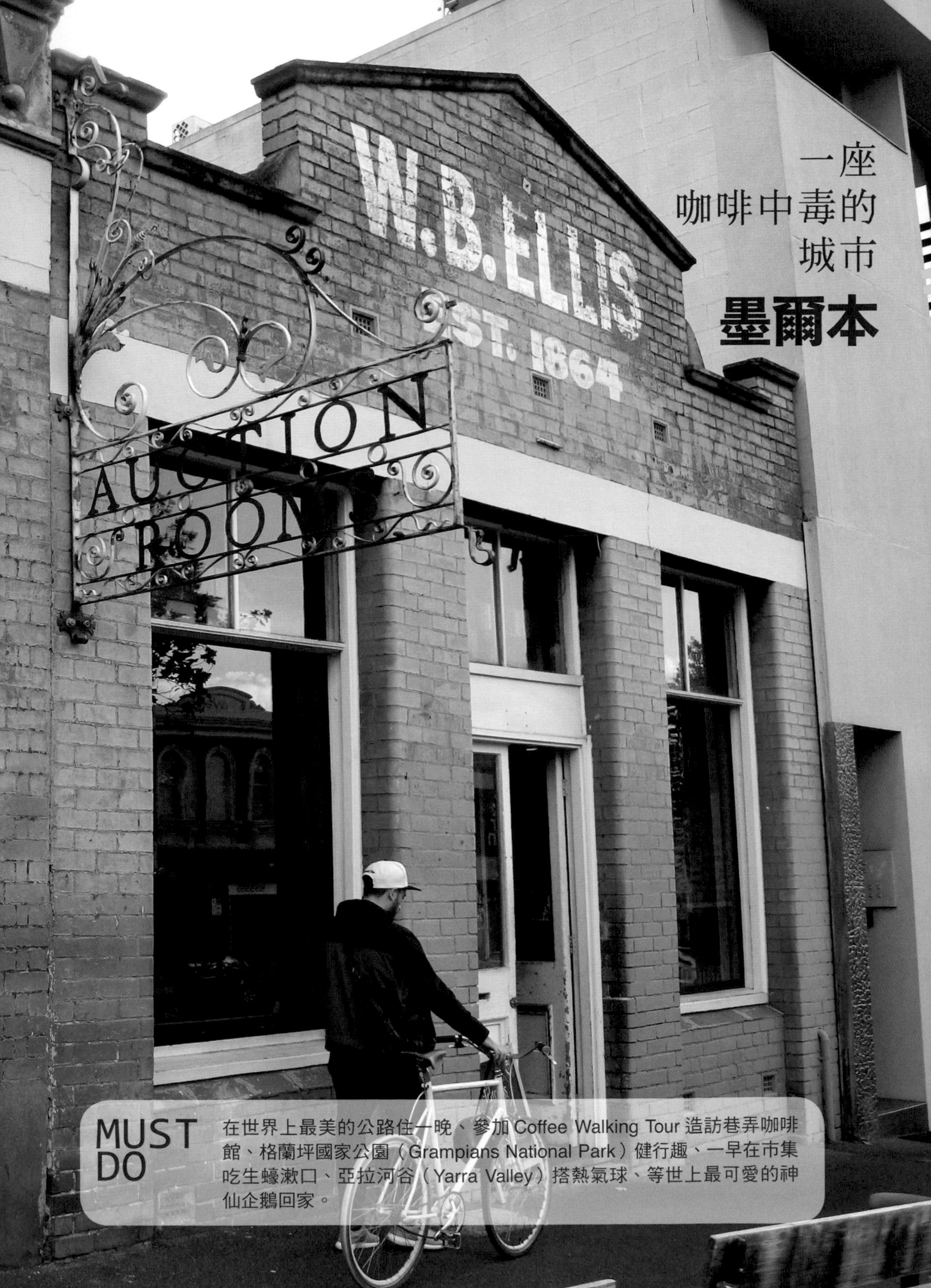

一座
咖啡中毒的
城市

墨爾本

MUST DO

在世界上最美的公路住一晚、參加 Coffee Walking Tour 造訪巷弄咖啡館、格蘭坪國家公園（Grampians National Park）健行趣、一早在市集吃生蠔漱口、亞拉河谷（Yarra Valley）搭熱氣球、等世上最可愛的神仙企鵝回家。

Dary 眼中的墨爾本

連續7年獲得全球宜居城市第一名的殊榮，這是澳洲最有文化深度的城市，走在街上，感受一天有四季的氣溫變化，不時舉辦熱鬧的節慶活動或運動賽事，穿梭在巷弄轉角之間，肚子餓了，找家工業風的咖啡館來份早午餐，再喝杯澳式flat white，看著街上往返的人潮，這是很在地的旅行方式。雖然位在南半球，卻有濃濃的英倫情調，她是墨爾本，百年歷史的哥德式教堂佇立在市中心，鄰近是充滿現代設計感的聯邦廣場，新與舊在這裡一點兒也不突兀，就和這裡的移民人口一樣，相互尊重，和諧相處。

1 2
3 4

1.行駛在墨爾本市區，碩果僅存的骨董電車。黃綠色的電車繞一圈市區約40～50分鐘，免費搭乘。
2.猜猜看，來到澳洲必喝的咖啡是哪一款？
3.雨中的咖啡巷弄，別有一番氛圍。
4.墨爾本必吃經典肉派（meat pie）。

維多利亞州基本資訊

建城時間 ▸ 墨爾本（Melbourne）又有花園之州美稱。

州動物 ▸ 袋貂（Possum）。

州鳥 ▸ 頭盔蜜鳥（The Helmeted Honeyeater）。

州花 ▸ 石楠花（The Common Heath）。

交通 ▸ 目前有華航直飛。

面積 ▸ 227,416 平方公里（比英國跟紐西蘭小一點）。

人口 ▸ 約 680 萬（2023 年 6 月統計，約 7 成人口居住在墨爾本）。

人均 ▸ 約 8 萬元澳幣。

產業 ▸ 工業，農業與畜牧業，貿易。

旅遊方式 ▸ 適合自由行，或在當地參加一日遊行程。

建議天數 ▸ 至少 10 天（不含搭機時間）。

每日預算 ▸ 每人 300 元澳幣起。

旅遊型態 ▸ 文青、美酒美食、喜歡城市探索的旅人。
（這裡的人均餐廳與咖啡館數量，比全世界任何一座城市來的多）。

最適旅遊季節 ▸ 整年都合適，怕冷或怕熱，就挑春秋兩季前往。

旅程設計理念

墨爾本的景點是以城市中心向外為發散，如果每天走1至2個行程，來回車程浪費時間，我的行程設計剛好是結合外圍必看景點繞一圈，不走回頭路，最後預留幾天在市區逛街購物、喝咖啡，為這趟旅程劃下完美句點。

特別提醒，墨爾本夏天晚上9點多才天黑，但冬天5點多天黑而且偏冷，所以夏天可以慢慢玩，但冬天行程不建議安排太多。

↑↑ **從墨爾本往西出發到格蘭坪國家公園，再往南沿著大洋路（Great Ocean Road）到吉朗（Geelong），繼續搭船到摩寧頓半島（Mornington Peninsula），來到菲利浦島（Phillip Island）看神仙企鵝，最後往東北搭蒸氣小火車，回到墨爾本，逆時鐘繞一大圈。**

墨爾本行程簡表

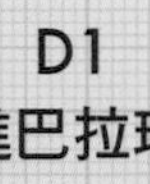

D1
前進巴拉瑞特

D2
淘金鎮
×
地窖酒莊行

D3
格蘭坪國家公園
一日遊

D4
絕美大洋路

D5
彩繪木樁
半島溫泉 ×
神仙企鵝

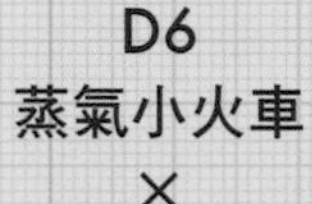

D6
蒸氣小火車
×
亞拉河谷

D7
搭熱氣球
×
動物園

D8
教堂 Brunch
與彩色小屋

D9 ～ D10
城市電車
×
市集咖啡

Day 01 墨爾本 ➜ 巴拉瑞特（Ballarat）

從機場取車大約1.5～2小時車程到巴拉瑞特鎮上，可先到超市採買零食，然後check in（辦理入住）、休息。

Coles與Woolwoths是澳洲兩大超市品牌，在市區、郊區商場或人口較多的小鎮隨處可見，規模大概介於全聯和大潤發或家樂福之間，新鮮食材、生活必需品、零食果汁汽水應有盡有。

巴拉瑞特

在1850年代，發現黃金後，湧進全世界各地的人來此一圓淘金夢，於是這裡迅速發展成為人口眾多的城鎮，雖然淘金已成歷史，但市區的主要街道上還留有許多英式風格的旅店、公用建築物、花園和商店。

▸位於墨爾本西北方的巴拉瑞特，曾是著名的淘金小鎮。

晚餐 湖景餐廳Boatshed Restaurant或The Lake View Hotel。

夜宿 巴拉瑞特鎮上。

▴湖景餐廳可享用美味佳餚。

巴拉瑞特 ➜ 疏芬山 (Sovereign Hill) ➜ Seppelt Cellar Door 酒莊 ➜ Halls Gap

早餐　旅館內用

上午

㊀ 疏芬山

這是一個仿造1850年代，重現當時生活與育樂的露天博物館，鎮上有數十座的懷舊建築，舉凡郵局、麵包店、馬具店、雜貨店、鐵匠鋪、服裝及布料店或者小朋友最喜愛的糖果店，最特別的建築就是關公廟，代表當時也有華人來淘金。

▲疏芬山淘金小鎮。

▲疏芬山體驗淘金樂趣。

必玩必看

①. 欣賞鎔金與紅衛兵表演。
②. 在小溪中，體驗淘金樂趣。
③. 搭乘礦坑列車，深入地下礦場。
④. 酒吧內玩自己丟自己撿保齡球。
⑤. 和穿著維多利亞時期服飾的工作人員拍照。

▲左：鎔金表演。 右：紅衣衛兵表演。

小提醒 換票處可拿園區活動時程表，並確認下礦坑時間與地點。

午餐 Hungry Jack's Burgers Ballarat，澳洲版的漢堡王，有吃牛肉可以挑戰一下三層起司漢堡。

下午

⑪ Seppelt Cellar Door酒莊

位於格蘭坪地區，由Joseph Seppelt在1851年所建，是澳洲著名的氣泡酒跟紅酒發源地，透多角化經營，在1990年代成為澳洲最大的葡萄酒商。這個酒莊最特別的是在1868年，Joseph Best當時雇用失業的淘金工人，前後花了六十多年的時間，在地下挖了一個3公里長的酒窖，最多可收藏300萬瓶酒，目前這是南半球最長的地下酒窖，若有興趣，可以參加The Drives付費的50分鐘導覽行程（含品酒），每人約22元澳幣。

上：Seppelt Cellar Door酒莊的地下酒窖，路線錯綜複雜，可是會迷路呢！
下：地下酒窖也提供用餐的服務，牆面的鐵桿裡，據說是名人或政治人物的收藏酒。

tips

葡萄酒小常識

釀酒用的葡萄，適合生長在日照充足、日夜溫差大，氣溫介於10～20度、緯度30～50度之間；在排水良好的粒岩或沙質土讓，避免大雨過後會泡在水中爛掉；如果天氣太熱，就會在附近挖個水池或沿著山丘種植，透過不同方式來調節氣溫。

晚餐 Barney's Bar & Bistro，想品嘗袋鼠肉的來這裡。

夜宿 住在Halls Gap鎮上。這是進入格蘭坪國家公園的小鎮，夜宿這裡的露營區，有機會可以看到野生袋鼠或鴯鶓。

小提醒 開往旅館前，順道經過Stawell的超市Woolworths採買隔天午餐食材。

左：被群山環繞的Halls Gap小鎮。
右：在Halls Gap有機會和野生袋鼠近距離接觸。

格蘭坪國家公園（Grampians National Park）➜ 瓦南布爾（Warrnambool）

早餐 自行準備。

午餐 事先準備三明治到格蘭坪國家公園野餐。

全日

格蘭坪國家公園

▲ 國家公園內巧遇野生的鴯鶓（Emu），是世上第二大的鳥類。

位於維多利亞州西部平原上，墨爾本西北方260公里，占地約16萬公頃。數億年前因為地殼變動，擠壓地底下深處的砂岩，造就今日所見的奇岩怪石與峽谷地形，過去是原住民壁畫與庇護的重要場所。國家公園內擁有九百多種本土植物、200種鳥類與豐富的自然景觀，1984年7月1日公告成為國家公園，是維州第四大國家公園，並於2006年12月列入澳洲國家遺產清單。

從Wonderland Carpark走進去是格蘭坪大峽谷（Grand Canyon），號稱澳洲版的大峽谷，這是一條硬砂岩山脈的裂縫，坐落在雄偉的仙境山脈（Wonderland Range）內。全長約900公尺的環狀步道擁有絕美風景和季節性瀑布，雨季的時候，更為壯觀。

兩大瀑布

麥肯錫瀑布（MacKenzie）的規模最大，也是必遊之處，特別的是可以靠得很近，同時看到好幾束水流在巨大層疊的懸崖石層向下傾瀉，最後形成水池。

◀ 往麥肯錫瀑布沿途步道。

▲維多利亞州最大的瀑布——麥肯錫瀑布。

Silverband瀑布則需步行約700公尺，以Dairy Creek為源頭，特別的是狹窄水流在小小岩壁上翻滾，最後消失在岩石底部，而不是自成一個水池。

☞ 三個觀景台

蘆葦觀景台（Reeds Lookout）

▲惡魔之口是格蘭屏國家公園很受歡迎的觀景點之一。

可欣賞到維多利亞山谷（Victoria Valley）、維多利亞山脈（Victoria Range）、塞拉山脈（Serra Range）等壯麗景色，從停車場往裡面步行約1公里，可抵達惡魔之口（The Balconies），欣賞日落美景。

尖峰觀景台（Pinnacle Lookout）

從Sundial停車場出發比較好走，如果想挑戰一點難度的步道，可以從Wonderland停車場走，在此可遠眺Bellfield大壩與美麗的維多利亞西部風光。

▶
左：站上奇岩怪石，便是國家公園內的熱門打卡地標。
右：前往尖峰觀景台途經僅容一個人身的silent street。

波洛卡觀景台（Boroka Lookout）

◀ 視野極佳的波洛卡觀景台，可欣賞近 180度的開闊景色。

可以眺望Halls Gap小鎮、仙境山脈（Wonderland Range）、威廉山山脈（Mt William Range）、菲恩斯山谷（Fyans Valley）、貝爾菲爾德湖（Lake Bellfield）和格蘭坪山脈東部平原的壯麗景色。

小提醒

基本上，國家公園內有眾多的瀑布與觀景台，建議挑幾個重點去看即可。

晚餐 The Whalers Hotel是一棟殖民風味的建築，推薦菜單羊肩、牛排或燉飯。

夜宿 瓦南布爾小鎮。

Day 04 大洋路（Great Ocean Road）一日遊
瓦南布爾 ➜ 阿波羅灣（Apollo Bay）➜ 吉朗（Geelong）

早餐

12 Rocks Beach Bar Café，位在坎貝爾港（Port Campbell）。這是大洋路上我最喜歡的小鎮，因為天然的海灣，形成一個海浪較少的海灘，有很多人在海邊玩水，可以在此喝杯咖啡吃點東西，享受寧靜海景，過了阿波羅灣後的小鎮，從墨爾本前往一日遊的觀光客相對比較多。

上午

島嶼灣（Bay of Islands）

猶如其名，有眾多大小不同的石頭佇立在海上。

▲搭直昇機鳥瞰島嶼灣。

阿德湖峽（Loch Ard Gorge）

又名「沉船海岸」，1878年6月1日一艘名為「阿德湖號」（Loch Ard）的英國移民船隻在此觸礁遇難，當時有52人死亡，只有2人生還，故得其名。

㊉ 十二使徒岩（Twelve Apostles）

取名於耶穌的十二使徒，是大洋路最重要的景點，可自費搭直升機從空中俯瞰上述的巨石群，或是沿著旅遊服務中心的步道，從不同角度欣賞。

> **☝ 小提醒**
>
> 上午拍照才不會逆光，建議早上前往。

●著名的十二使徒岩，是大洋路必看景點。

㊞ 倫敦橋（London Bridge）

1990年橋拱突然坍塌，竟有遊客被困在上面，最後出動直升機才得救。

●倫敦橋是經年累月被海水、風力侵蝕所形成的奇岩巨石代表。

午餐 Apollo Bay Fishermen's Co-Op，當日來自巴斯海峽的新鮮漁獲，推薦有龍蝦的海鮮拼盤。

下午

這段路途是看了會讓人很舒暢的遼闊海景，但路有點彎，車子慢慢開就好。

㊞ **阿波羅灣**：大洋路的中繼站，也是大多旅遊團休憩的地區，有不少的餐館或小店可逛。

㊞ **Kennett River**：這裡有機會看到野生無尾熊，不妨繞進來找找。

㊞ **Memorial Arch at Eastern View**：大洋路起點紀念碑，可暫停下車打卡拍照。

晚餐 Pholklore越南河粉。 **夜宿** 吉朗。

吉朗 ➜ 摩寧頓半島（Mornington Peninsula）➜ 菲利浦島（Phillip Island）

早餐 旅館內用。

上午

⊕ 吉朗彩繪木樁

吉朗是維多利亞州第二大城，人口約20萬，早期是以畜牧業開始發展的城鎮。在1980年代，碼頭拆除後，藝術家Jan Mitchell把那些被拆除的木頭，用手工彩繪成104尊逗趣的人偶，大多以澳洲人物與當地歷史文化為主題，舉凡音樂家、護士、船長、運動員或救生員等等，從海灘到山坡都可見到它們蹤跡。這裡也曾是出口羊毛到英國及世界各地的重要港口。

從吉朗到摩寧頓半島溫泉，有兩條路可以選擇，經過墨爾本市區會繞一大圈，考量油錢、過路費與時間成本，建議買船票，走海路，當然預算會高一點，但可順便體驗不同交通工具；目前規定小於13公尺，60人座的巴士都可以上渡輪。

▲一百多個各式人偶造型的彩繪木樁，散落吉朗各處。

Info.

車子於 Queenscliff 碼頭上船（需提早半小時抵達），全程約 50 分鐘，抵達摩寧頓半島的 Sorrento 小鎮。

▸連接吉朗與摩寧頓半島的交通船。

交通船訂票

午餐

☞**夏天**：Mavs Greek Restaurant，可點烤肉或海鮮拼盤，分量夠又可同時吃到多樣食物。

☞**冬天**：溫泉區內享用，因為冬天較早天黑，企鵝上岸時間也會提早，建議先搭船再吃午餐。

☞**春秋**：如果較早天黑，就先搭船在溫泉區吃午餐省時，畢竟企鵝是今天的重頭戲。

下午

半島溫泉（Peninsula Hot Springs）

維多利亞州第一個天然溫泉及日間水療中心，這是由兄弟Charles和Richard Davidson走訪世界各地溫泉後，在1997年創立的，提供了日式洞穴池、瀑布池、土耳其蒸汽浴、腳底按摩池、按摩熱礦淋浴間和山頂景觀池等不同體驗，有別於我們傳統的泡湯印象，這裡有超過70種來自世界不同國家啟發的池水設計，玩累了嗎？放鬆紓一下吧。

▲土耳其蒸氣室

◀沉浸在大自然中的戶外湯池。

> **小提醒**
>
> 請帶泳褲、泳裝、拖鞋、空水瓶，需要 24 小時前預約，當天預約會收 10% 手續費，24 小時前可以免費取消；現場有提供付費的毛巾、浴袍、保管箱的租借；可自行攜帶食物入內，並在指定的區域享用，但不可以帶酒精飲料入內。

㊉ 菲利浦島神仙企鵝

又稱藍色小企鵝，是全世界最小品種，成年大概只有30公分高，除了這裡，目前只有紐西蘭、西澳企鵝島與塔斯馬尼亞才看的到，這幾年在當地有心人士的保育下，企鵝數量逐年增加，每天清晨不論公母會輪流去外海覓食，三天後才又回到這裡，通常在太陽下山後，不容易被天敵發現的情況下，一群群企鵝才左右搖晃地走上海灘，沿著木板步道回到原本巢穴。

▲這些一棟棟木製方形的小屋，都是保育中心蓋給藍企鵝住的家。

▲
上：菲利浦島上的旅遊保育中心，藍企鵝的相關介紹。
下：為了躲天敵，天黑後，覓食回來的企鵝才會陸續上岸，不論春夏秋冬，來自全世界各地的遊客，都聚集在此，等待可愛的藍企鵝回巢。

☝ 小提醒

夏天企鵝上岸時約 21:30；冬天大概是 17:30，建議在當天太陽下山前 30 分鐘去等。海邊氣溫較低，建議準備防寒衣物等待企鵝歸巢，企鵝上岸時嚴禁拍照。

晚餐

Cowes小鎮餐廳選擇多，推薦Anerie，滿有氣氛的法式餐館，上菜很慢，單價較高。

☞**夏天**：先吃晚餐，再看企鵝。
☞**冬天**：看完企鵝，再吃晚餐。
☞**春秋**：視當天夕陽的時間決定。

夜宿

往Belgrave方向找平價旅館，因為隔天一早要搭蒸汽火車。

菲利浦島 ➜ 丹頓農山脈國家公園（Dandenong Ranges National Park）➜ 亞拉河谷（Yarra Valley）

早餐 旅館內用。

上午

普芬比利蒸氣小火車（Puffing Billy）

超過百年歷史，位於墨爾本東邊的丹頓農山區，早期主要是用來運送木材，隨著伐木行業沒落、坍方問題，加上對外道路便利，原始功能已不存在，某次當地報紙刊登最後的行駛日期，當天卻引來眾多人搭乘，也充滿不捨，再三思考後，由一群志工們加上愛好火車者自發性地重新營運，讓這條充滿特色的小火車重新恢復生機，也讓來自各地的觀光客可以欣賞山區美麗的風景，每當火車行經鐵路平交道，別忘了跟那些正停在路邊的居民揮手，他們好像專程在那裡等著我們的到來。

小提醒

蒸氣小火車需事先訂票，並且提早 40 ～ 60 分鐘到車站。

▲普芬比利蒸氣小火車保持傳統，燃燒煤炭發動的蒸汽火車，充滿復古風。

▼
左：蒸氣小火車從丹頓農山區的Belgrave出發，沿途山林風光迷人。
右：把雙腳放在窗外，是搭乘蒸氣小火車最好玩的方式，但務必注意安全。

Info.

單程約 25 分鐘，全程來回約 2 小時（包含等回程火車時間）。

單程約 1 小時，全程來回約 4 小時（包含等回程火車時間）。

午餐

Pie in the Sky，位於宛如童話故事Olinda小鎮上，是澳洲美食推薦餐廳，有多種口味的肉派選擇，派皮香酥脆。

◂ 1993年開業的Pie in the Sky是專賣肉派的美食餐廳。

下午茶 Miss Marple's Tearoom，英式鄉村風的裝潢，司康必吃。

下午

▸ 亞拉河谷巧克力冰淇淋。

亞拉河谷

　　位於墨爾本東北邊約50公里處，是澳洲除了獵人谷、巴羅莎河谷、瑪格麗特河之外，非常重要的葡萄酒產區。這裡有大人小孩都愛的巧克力和冰淇淋工廠（Yarra Valley Chocolaterie & Ice Creamery），一定要嘗嘗這裡的冰淇淋；如果喜歡吃乳酪，更不能錯過亞拉河谷乳製品農場（Yarra Valley Dairy），這裡提供各式香味與口味的乳酪。

▴ 巧克力和冰淇淋工廠販售各式各樣的巧克力。

晚餐 旅館內用。

夜宿 亞拉河谷區域，推薦Chateau Yering Hotel，這是間坐落在占地250英畝莊園的城堡式旅店，同時也提供餐飲服務。

亞拉河谷 ➜ 希斯維爾野生動物保護區（Healesville Sanctuary）➜ Domaine Chandon 葡萄酒莊 ➜ 墨爾本

早餐 旅館內用。

上午

亞拉河谷熱氣球

從摸黑起床，看到熱氣球緩緩升上空，在雲霧繚繞的大地等待日出的夢幻，葡萄園與山谷的美景盡享眼底，這絕對是人生中相當難得的體驗。

小提醒

熱氣球建議在kkday或Klook事先預訂，可能要自行開車到指定集合地點，配合每天日出時間，集合時間也會不一樣，需前天晚上跟廠商確認。

建議訂不含早餐，活動結束後，早點回旅館補眠後再出發。

1
2 3

1+2.搭乘熱氣球是不能錯過且難得的體驗。
3.從高空俯瞰亞拉河谷。

1 2 3　1.晴空下的TarraWarra Yarra Valley Winery酒莊湖水風景。
2+3.Meletos 是一間讓老饕不辭千里而來的風味餐廳，一進門就被滿眼翠綠茂盛的葡萄藤蔓吸引。

午餐

推薦TarraWarra Yarra Valley Winery、Restaurant & Cellar Door，坐落在小山丘上的酒莊，望眼所見就是整遍葡萄園，可以在此品酒或餐廳裡享用精緻午餐；或者Meletos餐廳，入口處用浪漫的葡萄藤裝飾，挑高的建築設計還有整面的落地玻璃，用餐環境舒適典雅，一旁的教堂，還有不少婚宴在此舉辦。

▲
左：由澳洲出產的Shiraz品種所釀製的紅酒最具代表。
右：在Meletos餐廳，可享用精緻料理奶油煎肺魚。

◀上面這層綠色類似海苔酥餅、下面則是生牛肉，是道可口且賞心悅目的前菜。

▶Tarra Warra Yarra Valley Winery酒莊的超美味的義式燉飯。

下午

希斯維爾野生動物保護區

來澳洲旅遊一定不能錯過動物園，除了無尾熊跟袋鼠之外，鴨嘴獸、針鼴、袋熊、笑翠鳥、琴鳥、汀狗、袋獾……這些也都是澳洲經典且可愛的動物，園區內會有定期的活動表演，記得拿地圖及時刻表。

▲野生袋熊就是這麼可愛。

㊈ Domaine Chandon葡萄酒酒莊

由LV集團在澳洲投資的世界級酒莊，在亞拉河谷寒冷的氣候與山谷地形的環境之中，利用法國製作香檳的技術，生產出清爽富酸度的氣泡酒，在室內一邊品酒，再透過大片透明玻璃，欣賞一望無際的葡萄園風光，這就是旅途中的優雅。

▲
左：一望無際的葡萄園，令人心曠神怡，四季風景皆不同。
右：可自費品酩這裡的香檳酒，往窗外望去，相當舒適。

▲BoxHill地點在墨爾本東邊，是華人居住與生活的地方。

晚餐 到華人區BoxHill回味亞洲小吃，這裡排骨飯、牛肉麵或是火鍋、水餃麻辣燙都有。

夜宿 墨爾本。

☝ 小提醒

墨爾本是座會議和節慶大城，旅館選擇非常多，建議住在離電車站步行距離可到的，原則上在中央商業區 CBD 內搭電車都是免費的；如果怕市區太吵或太熱鬧，在南亞拉或聖基爾達（St. kilda）附近的住宿選擇也可以考慮；訂房時可選沒有早餐的方案，到市集逛逛再找咖啡館吃比較有趣。

▸墨爾本CBD的地標就是大錢包。

查斯頓購物商場（Chadstone Shopping Centre）➜布萊頓海灘（Brighton Beach）➜墨爾本

早餐 The Pancake Parlour Doncaster（連鎖品牌，近期流行的排隊鬆餅店）。

上午

查斯頓購物商場

南半球最大的購物商場，挑高式的建築設計，光線從屋頂透明的玻璃窗直射進來，形成寬廣的購物空間，好像讓你身處在電影之中，隨著外面的天氣變化，忽晴忽雨。這裡更有一種奇妙的魔力，不分男女老少，都可以找到想逛的地方，從世界精品到澳洲當地品牌，都有它們的獨特風格，然而小孩可以在免費的兒童遊憩區，玩上一整天。餓了嗎？漢堡、拉麵、印度甩餅、手搖飲或中式麵食，這裡應有盡有。

▲
左：商場內的光線是採用戶外的自然透光。
右：koko black墨爾本最有名的巧克力，在商場裡可以買到。

午餐 Brighton Schoolhouse，是間由教堂改建的咖啡館，有提供整日早餐與午餐的選項，推薦Brighton牛肉漢堡、煎鮭魚沙拉和海盜（海鮮）義大利麵。

▲Brighton Schoolhouse供應早午餐，可以悠閒用餐。

▶
左：煎鮭魚沙拉令人垂涎欲滴。
右：分量十足的海盜（海鮮）義大利麵。

下午

⑭ 布萊頓海灘彩色小屋

墨爾本IG網美打卡景點，位在南邊約30分鐘車程的布萊頓Brighton海灘，總共有92間放置衝浪板或個人物品的小屋，為了避免拿錯東西，每間外觀都有不同的塗鴉，舉凡澳洲國旗或拳擊袋鼠的圖案等，下午時刻，在陽光照映下，利用整排彩色小屋當背景，可以拍張美美的風景照。

◀ ▲
據說每棟小屋價值不斐，懂得享受生活的澳洲人，趁著好天氣，擺上桌子，跟三五好友，一邊看海景吃點心。

小提醒
布萊頓海灘彩色小屋下午拍照才不會逆光。還車後，未來兩天搭電車逛市區。

晚餐
翡翠小廚Crystal Jade Restaurant，位於市區唐人街的港式茶餐廳，口味相當道地。

夜宿 墨爾本。

Day 09 墨爾本市區觀光

上午

㊞ 維多利亞市場（Queen Victoria Market）

南半球最大的露天市場，室外販售蔬果、手工藝品與衣物雜貨，室內販售肉品魚貨、現吃海鮮、糕餅熟食、麵包乳酪等等，裡面環境維護是相當用心的乾淨整潔；夏天的夜晚這裡通常會有夜市，販售異國料理的世界美食，非常熱鬧。

Info.

營業時間：週二、四、五（早上 6 點到下午 3 點），週六、日（早上 6 點到下午 4 點），週一、三公休，如有異動，以當地時間公告為準。

▲
左：維多利亞市場從吃的到用的，應有盡有，可滿足所有人的需求。
右：每天現烤的各式麵包，選擇多樣又好吃。

市場必吃

✪Bratwurst Shop & Co：德式大亨堡。
✪Boreks：推薦起司跟菠菜口味的千層餅。
✪Market lane coffee：墨爾本前十大咖啡，推薦手沖。
✪The American Doughnut Kitchen：戶外餐車，口感扎實的甜甜圈。

▲
左：現做的 式大亨堡，大口吃最滿足。
右：排名墨爾本前十大咖啡的，當然要喝一杯！

午餐

Seven Seeds Coffee Roasters咖啡館。有兩間，請找靠近維多利亞市集這家，工業風設計，外觀是藍色牆面，看似舊倉庫，大門不明顯，推薦酪梨吐司或鬆餅班尼克蛋。

1 2
3
1.藏身在巷弄之中，挑高屋頂，簡約的設計，用餐環境相當舒適。
2.我心目中排名第一的早午餐就是班尼克蛋，好不好吃的重點就是荷蘭醬調配的比例。
3.這道用馬鈴薯和洋菇做成的料理，結合了屬於這座城市的巧思與創意。

下午

　　搭電車市區觀光，可以善用中央商業區內的免費電車。不論是逛各購物商場，或是市區景點等都不錯，尤其是在市區靠亞拉河畔的Outlet，運動球鞋通常比台灣便宜。

▲
搭乘city circle tram NO.35免費電車，繞市區一圈約40～50分鐘，可以輕鬆飽覽這座城市的美麗風光。

▶
Melbourne Central墨爾本購物中心，子彈工廠改建的建築，頗具特色。

▲
左：維多利亞州立圖書館，藏書超過200萬冊，外觀典雅，內部採光則是透過穹頂照射的自然光，不得不佩服當時人的設計理念。
右：位在市中心的唐人街，也是全澳洲規模最大，農曆年舞龍舞獅放鞭炮，相當熱鬧。

皇家拱廊（Royal Arcade）

是一條以文藝復興風格為基礎，結合英法建築設計的長型拱廊，裡面有不少趣味小店可以尋寶，但千萬別錯過澳洲最好吃的手工巧克力，koko black創始店，包裝精緻，絕對是送給家人朋友的伴手禮。

▶法式馬卡龍，值得購買品嘗。

Notes.

漫步墨爾本，在咖啡文化之都，來一杯香醇咖啡！

◀ 室內的位置很少，因為都被拿去天花板裝飾了，Brother Baba Budan可是當地老牌咖啡館之一。

▼ 走家庭料理風的義式咖啡館Pellegrini's Espresso Bar，小小一間，只有吧檯跟另一側座位，蛋糕從櫃子拿出，塗上奶油，即可上桌，夏天偶爾提供清涼的西瓜冰沙。

⊜ Brother Baba Budan

一家不怕地震的咖啡館，因為天花板用椅子做裝潢，咖啡豆的品質不錯。

⊜ Pellegrini's Espresso Bar

有著充滿義式風味的咖啡吧，家庭式氛圍，座位數不多，有賣義大利麵之類的簡餐，他們的espresso，再配上一塊塗滿鮮奶油的蛋糕，簡單卻美味。

⊜ Krimper Café

藏身在一條充滿綠色植物的Guildford巷弄內，內部設計很有文青風。

▸ 這裡的咖啡館，工業風是標準配備，Krimper Café用藜麥搭配烤鮭魚，再用些植物裝飾，不只好看也美味。

㊉ 咖啡巷弄（Degraves Street）

位於弗林德車站（Flinder Station）附近，這是市區最有氣氛的一條巷弄，短短數百公尺的距離，開滿數間義式風味的咖啡餐館，坐在街道中央用餐的人們，兩側還有當地的塗鴉文創，替這裡注入另類的創意與活力。

以下三家咖啡館都別具特色，個人也很喜歡：

Brunetti Oro Flinders Lane

1985年由義大利移民在小義大利區開了第一家糕餅店，有賣比薩、義大利麵、手工冰淇淋和琳瑯滿目的創意甜點，位在市區的這家是這幾年才開的，裝潢永遠走的是精緻、高級、氣派的風格。

Dukes Coffee Roasters

網紅名店之一，咖啡順口，但我更推薦蛋糕甜點。

The Hardware Societe

也是網紅打卡名店之一，除了咖啡，這裡的早午餐口味和擺盤更是厲害。

Info.

墨爾本光市區咖啡館就超過上百家，很多藏身在巷弄之中，建議參加咖啡導覽行程，提供以下資訊選擇。

相關資訊

▲墨爾本轉角處處都是咖啡館，滿足癮咖啡族群。

▲
上：Dukes Coffee Roasters是咖啡巷弄經常大排長龍的名店，帶去喝過咖啡的團員都說讚。
下：躲在咖啡館角落，喝著flat white，看著外面人潮熙來攘往，也是旅行中的樂趣。

夜宿 墨爾本。

墨爾本市區觀光

Info. 營業時間：週三、週五至週日（早上8:00到下午4:00）

上午

南墨爾本市場（South Melbourne Market）

是個將近有150年歷史的市場，更是體驗市井生活的最佳去處，有最道地的小攤，販賣各種小吃與手工藝品，西班牙海鮮飯或是多種口味的甜甜圈都有；相較維多利亞市場，這裡規模小很多，但觀光客也比較少，主要以當地人為主，裡面也有不少好的咖啡或早午餐，可都是相當值得品嘗，週末不定期會有Live Band演奏，不妨好好享受悠閒的週末時光。

1 2 3　1.一早吃生蠔漱口，是每個老饕來南墨爾本市場必做的事。 2.甜甜圈愛好者，來到這裡請多準備一個甜點胃。 3.市場內有可愛的紀念品，也有賣不少屬於澳洲風味的服飾。

早餐 Agathé Pâtisserie，南墨爾本市場排隊可頌與咖啡，邊走邊吃遍逛。

午餐 Stalactites Restaurant，疫情前營業24小時的希臘捲餅，分量多且美味可口；Hakata Gensuke Tonkotsu Ramen，總是大排長龍的拉麵店。另一家，排隊可頌LUNE，離開墨爾本前，一定要去吃。

▲一個要價近台幣300元的可頌，是目前最紅的名店。

▲
左：每天一開店就大排長龍的可頌名店LUNE。 右：總店位在墨爾本東北邊的斐茲洛伊區，熱騰騰剛出爐的美味可頌，如果外面沒有人排隊，就代表晚來一步，已賣光了。

下午 結束南墨爾本市集，可以沿著墨爾本南邊的景點慢慢玩回去市區，這樣比較順路。

市區南邊

維多利亞藝術中心（The Arts Centre）

媲美巴黎的龐畢度文化中心，不定期展示澳洲現代藝術作品、原住民藝術創作等，更是墨爾本市藝術精神指標。藝術中心共分為三個部分：高162公尺高塔劇院、墨爾本音樂廳以及維多利亞國家美術館，除了充滿人文氣息，更是市區中最引人注目的建築。

▲藝術中心位在雅拉河南岸，橋下是拍夜景的好去處。

墨爾本皇家植物園（Royal Botanic Gardens）

建於1846年，占地93.9公頃，有超過5萬種的植物，包括稀有的外國種和瀕臨滅絕的原生植物。園區內分為花園、果林和溫室這幾部分，是當地人運動休憩或學生戶外教學常去的地方。

▸皇家植物園的秋天景致。

㊉ 戰爭紀念館（Shrine of Remembrance）

▲位於墨爾本皇家植物園旁邊的戰爭紀念館，入內參觀需購票。

仿造希臘古典風格建成的戰爭紀念碑，最初興建原因是為了紀念在第一次世界大戰為國犧牲的維多利亞州市民，最後變成澳洲主要的紀念場地，以悼念在戰爭中喪生的六萬多名澳洲人，正面浮雕取材於古希臘神話中的和平女神的圖案，館外有一個聖火壇，火焰是由英國女皇伊利莎白在1956年點燃，代表著大愛的精神生生不息，每年的澳紐軍團日（4月25日）和休戰紀念日（11月11日）都會有相關的紀念儀式進行。

市區景點

㊉ 聯邦廣場（Federation Square）

墨爾本的新地標，於2002年開放啟用，建造費時超過4年時間，外觀的碎片牆面透過不同顏色的拼湊，象徵這座城市移民文化的融合，地上的鵝卵石是遠從西北澳kimberly運來的470,000個赭色砂岩塊，具有冬暖夏涼的效果。其獨特設計曾獲得1997年的倫敦LAB建築設計大獎，舉凡澳洲網球公開賽的轉播、墨爾本美酒美食的攤位或是冬天的溜冰場等，這裡已成為當地人非常重要的集會場所。

◀每年有超過上百場的活動在此舉辦，1月舉行的澳網，可在這裡的大螢幕看現場專播。

⊕ 弗林德車站（Flinder Station）

▲弗林德車站於1854年啟用，墨爾本的地標，也是當地人平常約會碰面的重要地點。

澳洲最古老的火車站之一，採用文藝復興式的建築風格，青銅圓頂的設計，整片黃色石材外觀，展現出古典華麗的優雅，但出現在這座城市卻有那麼一點突兀，據說當時的設計師因為喝醉酒卻把印度孟買的火車站設計圖誤用在墨爾本。從這個車站你可以搭車前往鄰近郊區，每天有超過10萬的通勤者還有1,500班次的火車從這裡經過。

⊕ 尤利卡大樓（Eureka Towers）

位於亞拉河畔，樓高297.3公尺，澳洲第二高大樓，需購票搭乘南半球速度最快的電梯，以每秒9公尺速度上升，約38秒鐘可抵達88樓觀景台，透過不同望遠鏡鳥瞰市中心與其他地標，日與夜各有不同特色。膽量大的，尤利卡懸崖箱Eureka Edge是個延伸出建築外的玻璃盒，懸掛在300公尺高空，是全球少數可以感受雙腳懸空刺激感的高空透明觀景台（需要另購門票）。

▲左：尤利卡大樓外觀。 右：從尤利卡大樓俯瞰市區。

▲左：很愛在亞拉河畔吃吃喝喝的墨爾本人。 右：亞拉河畔餐廳林立，在燈光照映下夜晚的亞拉河更加迷人。

⊕ 亞拉河畔

早期是原住民重要的食物來源與集會場所，也是殖民時期最早開發的區域，又稱墨爾本的母親河，全長242公里。

⊕ 塗鴉巷弄（Hosier Lane）

這條不到100公尺長的巷弄，塗滿超越你我想像的藝術創作，走在其中，不論是店家還是旅人，彷彿就像置身在一幅大型的露天畫廊裡。相傳這是當地政府許可的，前提是這些顏料可以被洗掉，一來不定期可以讓不同藝術家創作，二來據說是讓那些對政府不滿的人，有個宣洩的管道。

◀ 巷弄間的塗鴉藝術。

市區東邊

⊕ 菲茲洛花園（Fitzroy Gardens）

占地65公頃，是墨爾本市區最大的綠地花園，從空中俯瞰是英國國旗「米字圖案」，內部有個建於1928年的溫室花園，還有從英國原汁原味搬來的庫克船長小屋，總重150公噸，這是澳洲知名的企業家拉塞爾爵士（Russell Grimwade）出資800英鎊買下，作為墨爾本建城100週年的禮物，四季呈現出不同的美，有機會可以多來幾次。

▲ 菲茲洛花園裡的庫克船長小屋。

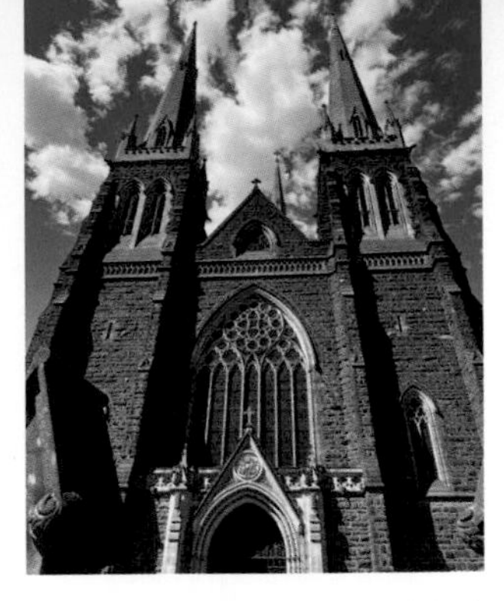

▲高聳入雲霄的哥德式建築，融合在現代化的城市之中，卻不突兀。

㊉ 聖派崔克教堂（St. Patrick Cathedral）

屬哥德式建築，是澳洲最大的教堂，在1863年由英國建築師William Wardell設計，1897年正式啟用，由於墨爾本當時淘金熱找不到工人，所以三座尖塔延滯到1939年完工，前後花了近80年時間，也因為尖塔與主體的顏色有些許差異，使用的材質是維多利亞青石，深色外觀呈現一種莊嚴肅穆的形象。

㊉ 皇家展覽館（Royal Exhibition Building）

坐落在卡爾頓花園之中，是澳洲第一座被評為世界遺產的建築，外觀的圓形屋頂仿自義大利佛羅倫斯的百花大教堂，整個設計融合了拜占庭、羅馬和文藝復興等風格，在1880年因為墨爾本舉辦世界展覽會而建。1919年西班牙流感大爆發時被用來當作臨時的空軍醫院，更在二次大戰時作為空軍無線電基地，到了60年代後期，年久未修，直到1984年英國女皇來訪，並賜予「皇家」封號，當地政府才開始進行一連串的整修，目前作為特定展覽或國家考場使用。

▲若春天造訪，花園內百花盛開，相當美麗。

▲海鮮墨魚義大利麵、生火腿。

㊉ Lygon街

當地的小義大利區，這裡有不少好吃的義大利麵與比薩，窯烤的、手工製麵的應有盡有，吃飽後，別忘了加點提拉米蘇跟義式手工冰淇淋。

▲超好吃的提拉米蘇。

晚餐

這趟行程在墨爾本的最後一餐，建議找家氣氛不錯或是亞拉河畔的餐廳，欣賞風景品嘗美食，推薦Waterfront Southgate海鮮餐館。

小提醒 結束行程後，回旅館拿寄放的行李，再搭乘 uber 前往機場即可。

Part.2
深度品味

Route_2
行程二

Tasmania

整座小島都是我的動物園

塔斯馬尼亞

MUST DO

搭乘塔斯馬尼亞精神號（Spirit of Tasmania）穿越巴斯海峽、在鴿子湖（Dove Lake）欣賞星空銀河倒影和尋找袋熊、住在有野生動物的露營區、在威靈頓山（Mount Wellington）俯瞰荷柏特（Hobart）夢幻市景、品嘗當地農產品與海鮮配啤酒、拜訪《魔女宅急便》羅斯（Ross）小鎮。

Dary 眼中的塔斯馬尼亞

▲挑個戶外的座位，吃牛角麵包加杯Flat White白咖啡，好療癒！

▲明明就在眼前，還是追不到逃跑時速高達每小時40公里的袋熊。

如果你已經去過澳洲2到3次，通常會錯過這塊世界上最純淨的心形小島；如果你想要追極光，這裡是南半球相當不錯的選擇；如果你熱愛自然環境，健行露營，放慢腳步與當地人互動，絕對要來這裡。我已經去過2次，但還想去第3、第4次，在塔斯馬尼亞（簡稱塔州）放空，會是人生中最美好的回憶……

▲左：鴿子湖步道的湖光水色，可說是一座生態寶庫。 右：塔州東岸無敵海景，百看不厭。

塔斯馬尼亞州基本資訊

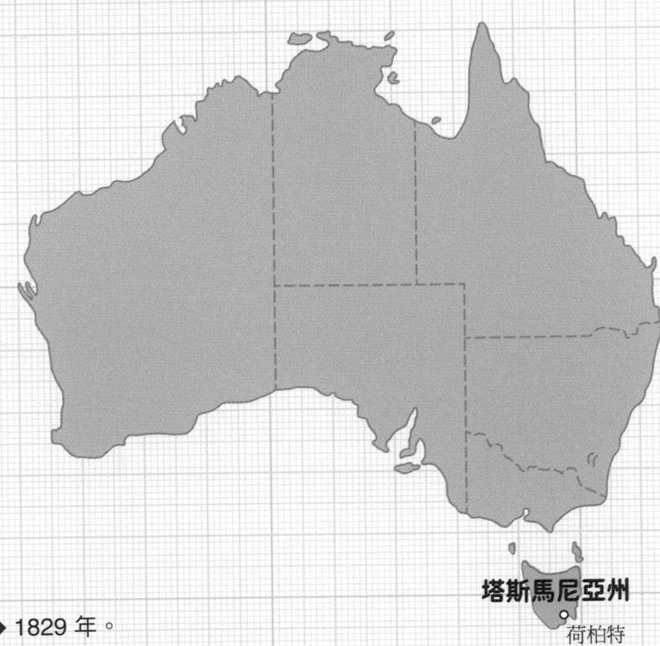

建城時間 ▶1829 年。

首府 ▶ 荷柏特（Hobart）。

州動物 ▶ 袋獾（Tasmania devil）。

州鳥 ▶ 黃垂蜜鳥（Yellow wattlebird）。

州花 ▶ 塔斯馬尼亞藍桉樹（Tasmania Blue Gum）。

交通 ▶ 只能從澳洲大城市轉搭國內班機前往；如果從墨爾本出發，多一個搭船的選項。

面積 ▶68,401 平方公里（約台灣兩倍大）。

人口 ▶ 約 52.8 萬（截至 2023 年 6 月統計）。

人均 ▶ 約 7 萬元澳幣。

產業 ▶ 農業、服務業、花卉業、漁業和林業。

旅遊方式 ▶ 自駕或迷你小團。

建議天數 ▶10 天（不含搭機時間）。

每日預算 ▶ 每人每天 250 元澳幣起。

旅遊型態 ▶ 自然景觀，動物天堂，海鮮控必訪。

最適旅遊季節 ▶ 屬於溫帶海洋型氣候，偏涼爽，春天 9 ～ 11 月賞花，夏天 12 月至隔年 2 月戶外健行，秋天 3 ～ 5 月欣賞秋葉，冬天 6 ～ 8 月偶有雪景，四季皆有不同特色。

◀ 謝菲爾德Sheffield壁畫村，牆上彩繪澳洲國旗與澳洲國寶。

旅程設計理念

塔斯馬尼亞州的景點分散在島上四處，每個景點間的車程動輒2、3小時，適合租車自駕的方式行旅。另外，春夏分別是鬱金香和薰衣草盛開的季節，如果不是在花季旅遊，部分景點可以捨棄，才不會浪費時間在交通上。

小提醒 夏天晚上 9 點多才天黑，但冬天 5 點多天就暗了且偏冷，如果怕冷，建議選春秋兩季前往，秋天很美但天氣變化快，提高自駕的危險性。另外，行程中，車子要保持一半以上的油量，這裡網路訊號不穩，加上面積遼闊，臨時很難找到加油站。

↑↑ 從德文港（Devonport）出發，沿著北海岸再往搖籃山（Cradle Mountain）國家公園住兩晚，接著前進東邊的薰衣草園，酒杯灣（Wineglass bay）健行，最後經過塔斯曼島（Tasman Peninsula），以荷柏特（Hobart）作結。

塔斯馬尼亞行程簡表

D1
北海公路和
特色小鎮

→

D2
初見海上烏魯魯

→

D3
健行 × 慢遊
搖籃山國家公園

↓

D4
露天畫廊
乳酪啤酒
吃吃喝喝

←

D5
紫色花海和
橘色奇岩

←

D6
塔斯曼海與
酒杯灣

↓

D7
半日農夫初體驗
初訪琪琪的家

→

D8
世界文化遺產
VS.
可愛動物

→

D9 ~ D10
市集 × 咖啡
威靈頓山

1

2

3

1.春天是塔州鬱金香盛開的季節。 2.夏天的櫻桃紅又大，令人垂涎欲滴。 3.南半球最大的薰衣草園在夏季盛開。

Day 01 德文港（Devonport）➜ 企鵝小鎮（Penguin）➜ 伯爾尼（Burnie）➜ 桌角鬱金香農場（Table Cape Tulip Farm）➜ 史丹利（Stanely）

前晚從維多利亞州的吉朗港口搭乘塔斯馬尼亞精神號，於今日一早抵達塔州德文港，接著到租車公司取車，開始塔州10天9夜的精采自駕之旅。

> 小提醒　建議在塔州租車而不是墨爾本，因為這個行程設計是去程搭船，回程搭飛機。

㊯ 塔斯馬尼亞精神號（Spirit of Tasmania）

這是從墨爾本到德文港對開的船班，總距離約429公里，航程約9～11個小時，每天有1至2個航班，夜間航班為主，夏天旺季才會加開白天航次，詳洽官網（註1），整艘船全長194.33公尺，總共有222個客艙，過夜航班有Deluxe Cabin（一大床豪華艙），Twin Bed Private Porthole Cabin（有對外窗的私人雙床房型），與經濟型的上下舖四人房（又分有對外窗跟無對外窗兩種），121張座椅，可乘載1400個乘客，容納500艘車子（訂位時，必須提供車型，以利安排上下船的順序）。船上設施包含餐廳及酒吧、付費電影院與wifi、兒童遊憩區、閱覽室與遊戲機，白天還有現場音樂等活動，不論是搭白天或晚上的船，絕對不會讓你覺得無趣（註2）。

註1：提醒1.5～2.5小時前登船，開船前45分鐘會結束登船流程；進入塔斯馬尼亞跟進入澳洲一樣，有非常嚴格的生物安全檢查，舉凡新鮮的蔬果、植物、蜂製品、海鮮或肉類都必須申報並丟棄，釣魚用具或帆船與其他運動裝備，必須保持乾淨且不能沾有任何泥土，這是為了保護當地的產業，否則會有高額罰款。

註2：出發前，先上網購買國家公園通行證，有分一日票（Daily Pass）、限搖籃山國家公園（Icon Daily Pass）、兩個月的度假通行券（Holiday Passes）、年票（Annual Park Pass）和雙年票（Two Year Parks Pass），費用每年更新，請詳洽官網。

船班資訊

通行証資訊

1 2 3

1.停泊港口的塔斯馬尼亞精神號。
2.塔斯馬尼亞精神號船上的紀念品商店。
3.船上也提供吃角子老虎機。

早餐 Laneway是藏身在巷弄間的一家特色早午餐店，可以點份steak n egg，補充滿滿的蛋白質，想吃甜的就點鬆餅，只能說塔州早餐就是如此這般的樸實無華。

1 2 3

1+2.Laneway白色外觀和店內用餐區。
3.巧克力鬆餅可以滿足愛吃甜食的螞蟻族。

上午

企鵝小鎮

早期以筏木業為主，雖然沒有真的企鵝，但小鎮上隨處可見用企鵝做造型的垃圾桶、蹺蹺板或裝置藝術等。

▶企鵝小鎮一隅。

蕨類林地鴨嘴獸保育區（Fern Glade Platypus Reserve）

非常舒服且輕鬆好走的步道，沿著emu河走，有機會可以看到野生的鴨嘴獸、笑翠鳥或針鼴。

◀左：鴨嘴獸相當怕生，要耐心等待加上點運氣才有機會看到。
右：針鼴是澳洲唯二的卵生哺乳類動物。

⊕ 威士忌蒸餾場（Hellyers Road Distillery）

在1997年由一組酪農家族所建立，因為1820年Henry Hellyers是第一個來塔州西北邊探險的歐洲人，他既是製圖師、驗船師也是探險家，為了紀念他勇而無懼的精神，所以用Hellyer Road來為酒廠命名，澳洲罕見的威士忌酒廠，有機會可以來嘗鮮一下。

▲威士忌酒廠的入口處。

午餐 Communion Brewing Co，一家充滿時尚與年輕氛圍的啤酒廠，推薦牛排或漢堡。

下午

⊕ Youngs Vegie Shed

雖然外觀只是個鐵皮屋，卻是當地人採買新鮮蔬果的地方，包裝簡單，如果是夏天造訪，務必嘗嘗當地盛產的櫻桃。

◀來塔州一定要天天吃當地產的現採蘋果、櫻桃。

⊕ 桌角鬱金香農場

位在塔州西北海岸的私人農場，由於當地隸屬火山岩土壤加上溫帶氣候，在海洋調節下，開出一朵朵嬌豔欲滴、色彩繽紛的鬱金香，每年花季介於9月底到10月中，堪稱是南半球最大的鬱金香盛會，每年在10月的某個周末還會在Wynyard小鎮舉辦鬱金香節（Tulip Festival）。

相關資訊

▲南半球最盛大的鬱金香節。

> ☝ **小提醒** 途經 Wynyard 的超市 Woolworths，可再採購一些隔天早餐食材。

晚餐 Stanley Hotel Bistro，是間滿有歐式風味的小酒館。

夜宿 史丹利小鎮（預訂有廚房的住宿，隔天便能做早餐）。

Day 02 史丹利 ➜ 濱海公路 ➜ 搖籃山—聖克萊爾湖國家公園（Cradle Mountain-Lake St Clair National Park）

早餐 自己下廚。

上午

⊕ 史丹利

只有四百多位居民，主要以漁業和旅遊業為主，大堅果（The Nut）是這裡最著名的觀光景點，又有海上烏魯魯的美稱，它是座高152公尺的火山岩層，距今有1,300萬年的歷史，可以花30分鐘走路到山頂，或付費搭纜車只要5分鐘，全程250公尺，直接來到95公尺高的山頂，這裡還有2公里長的環狀步道，記得繞著走一圈，從不同的角度欣賞小鎮與巴斯海峽的美景。

▲大堅果屬於火山頸地形，是座死火山，因酷似北領地的艾爾斯岩石（烏魯魯），所以又有「海上烏魯魯」的稱號。（圖片提供／Kay Chen）

午餐 The Vault，精心製作的料理，每道菜都像藝術品。

下午

開車沿著北海岸公路往搖籃山前去，沿途建議選擇性停留以下景點。

Ⓗ Fossil Bluff Lookout：走一小段步道，可以看到無敵海景的觀景台；海邊建議退潮再去比較安全。

Ⓗ Wonders of Wynyard Exhibition and Visitor Information Centre：販售當地紀片品與收藏骨董車的地方。

Ⓗ Waratah Falls：迷人的小鎮，在市區就可以輕易走到瀑布。塔州的雨量充沛，加上全島有將近一半被列為國家公園，行程不用太趕，沿途有看到不錯的步道，相當建議停下來走走。

在澳洲看過最美的其中一個星空銀河就在搖籃山，尤其是天氣狀況不錯時。晚餐結束不妨開車到鴿子湖（Dove Lake）停車場，這時若已有滿天星空，當你走到湖邊時，倒映在湖面的銀河，更是令人驚艷！

▲左：塔斯馬尼亞北海岸沿路綺麗風光。 右：行駛塔斯馬尼亞公路，兩旁的秋天景色。

晚餐 自己下廚（露營區小木屋）或其他旅店內用。

◀利用從Woolworths超市採買的新鮮食材，自己下廚的美味晚餐。

小提醒

提醒夜間開車，當地動物容易因為車燈而被吸引，進而跑到路面，務必降低車速，一來不要撞到小動物，而來自己也別被驚嚇到。

夜宿 搖籃山國家公園地區的小木屋。

Day 03

搖籃山一日遊

這是塔州最著名的觀光勝地，在1982年被列為世界自然文化雙遺產，顧名思義是搖籃山與聖克萊爾湖組成，當中由世界知名的Overland徒步路線相連。堪稱是澳洲最美的國家公園，因為山形近似英式搖籃，故命名之，海拔1545公尺，只要山上水氣充足，在秋天就有機會見到靄靄白雪的山頭，更別提冬天的雪景。需在旅遊服務中心購買園區的shuttle bus車票，才能入內。

▲ 鴿子湖畔仰望原始山岩及湖邊的老舊船屋，宛如明信片的場景，必拍！

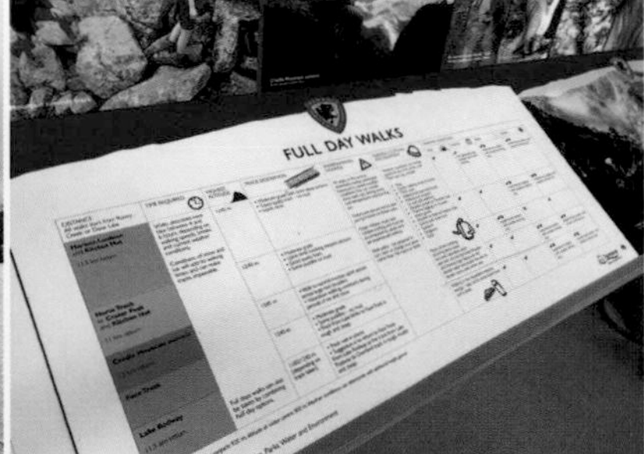

1 2
3 4

1.搖籃山旅遊服務中心。
2.搖籃山國家公園有眾多步道，值得挑個合適的去走。
3.如果遇到天氣不佳，可以選擇較安全的木棧板搭建的步道。
4.山頭有著靄靄白雪的搖籃山。

國家公園整日遊

如果對健行有興趣，可以參考我所規劃的路線，由於山上天氣變化劇烈，切記，要在安全的情況下選擇性參加不同的路線；如果想來點輕鬆的，不妨早上搭乘直升機，下午再安排一、兩條平坦好走的路線健行即可。

✪ 自費搭乘直升機

在空中可以俯瞰整個國家公園內的冰蝕地形與湖泊、地貌獨特的荒原與雨林等等。

直升機預訂網址

▲搭直升機是俯瞰搖籃山國家公園非常棒的體驗方式。

✪ 國家公園健行路線

好天氣時，可走有點挑戰的路線，從旅遊服務中心搭乘園區巴士，在Ronny Creek下車，從對面木棧道開始走，途經Overland Track，沿著指標往Crater Lake，Wombat Pool和 Lake Lilla走，過了Crater Lake會看到一段碎石頭路，沒有指標，幾乎有點垂直往山下走（往地面上黑黃的竿子走），最後抵達鴿子湖前，會有分叉路，右轉可以到Boat Shed（風景明信片的拍攝地），左轉直達鴿子湖旅遊服務中心，有廁所和飲水機，從Ronney Creek到Dove Lake約2到4個小時可完成。

如果體力允許，可以在Crater Lake交叉處往Marions Lookout走（原路去回）。

或走到鴿子湖旅遊服務中心後，再沿著鴿子湖走一圈，約6公里。

▲沿著指標走就對了，國家公園內手機幾乎沒有訊號，盡量不要落單。

1 1.Ronney Creek開始，有平整好走的木棧道。
2 2.鴿子湖步道，輕鬆好走，一圈約2到3小時。
3 3.來自上游尤加利葉樹，映襯鴿子湖湖水顏色。

◀ 從Ronney Creek走到Dove Lake，沿路壯麗天然景致遠近馳名。

▼
上：Snake Hill步道。
下：Overland步道，小心袋熊出沒！

若天氣不好，則搭乘園區巴士直接在鴿子湖下車，沿著湖邊走一圈，基本上路況平坦，難度不高，慢慢走，3到4小時即可走完；或搭到Snake Hill走到Ronney Creek，單程約45～60分鐘，平坦好走的木棧道。

最知名的Overland Track則需4至5天時間，因為全長88.5公里。

不論選擇哪一條路線，別忘了留意環境周遭，可能會有袋熊、小袋鼠或針鼴出沒。走步道之前，會在入口處的小屋裡看到一本登記手冊，主要就是紀錄你開始與結束的時間，以確保是否離開。

小提醒　山上天氣多變，建議攜帶拋棄式雨衣，登山杖，穿著防水登山鞋。

● Overland步道屬於長程路線。

三餐

餐廳選擇少且不便宜，上山前先買足糧食，預訂有廚房的住宿，便可自己下廚。從早餐的蜂蜜鬆餅與咖啡、午餐三明治加水果（戶外野餐），而晚餐煎個時蔬牛排搭配當地紅酒。餐餐都可以吃得很豐盛。

◂ 旅行也可以自己開伙當大廚！

夜宿

搖籃山國家公園地區的小木屋。

▸ 搖籃山國家公園的小木屋設施完善，客廳、廚房和臥室一應俱全。

Day 04 謝菲爾德（Sheffield）➜ 愛斯格羅夫乳酪乳製品工坊（Ashgrove Cheese Dairy Door）➜ 詹姆士伯格啤酒廠（James Boag Brewery）➜ 格林德瓦（Grindelwald）➜ 朗瑟斯頓（Launceston）

早餐 法式吐司搭英式紅茶。

上午

▲香港明星陳奕迅造訪塔州時留下的畫作。

⊕ 謝菲爾德壁畫村（Tasmania's Town of Murals）

過去仰賴農業維生，為了振興當地觀光業，突發其想，把鎮上的外牆當作畫布，1982年還舉辦過壁畫節，吸引世界各地的人來參加，目前已有超過50幅畫作；聽說港星陳奕迅來此拍攝旅遊節目時，也留下一幅自己的創作，走進這個小鎮，彷彿走進塔州最大的藝術畫廊。

1 2 3　1.謝菲爾德壁畫村。 2.找找看畫中有多少隻動物？ 3.謝菲爾德小鎮上正在做畫中的藝術家們。

⊕ 愛斯格羅夫乳酪乳製品工坊

乳酪愛好著的天堂，由當地經營酪農業超過百年歷史的Bennett家族所創立，他們透過創新的商品、永續的理念以及環保的思維，讓自家的乳製品增添不少附加價值，除了乳酪必嘗，這裡的牛奶好喝，冰淇淋也好吃。

▲這裡出產的好吃乳製品，來自牧場飼養的牛。

午餐 在Deloraine Deli享用，有海鮮、肉類、蔬食的長棍麵包組，這裡的Bruschetta更是美味！另外還有Hazelbrae農場（推薦榛果口味的卡布奇諾）。

下午

⊕ 詹姆士伯格啤酒廠

由蘇格蘭的移民James Boag在1881年成立，強調用的是塔州天然純淨的水源，還有當地生產的優質啤酒花跟大麥所製成的啤酒，過去帶團的團員喝過澳洲大多品牌的啤酒後，對於這個品牌總是念念不忘。

◀ 左+右：品嘗啤酒的地點在釀酒廠對面的小酒館，這是戶外座位去與室內的生啤酒吧檯。

⊕ 格林德瓦瑞士村

由羅伊福．沃斯（Roelf Voss）成立於1980年，靈感來自於和他的妻子麥蘋．沃斯（Miep Voss）在瑞士旅行時，愛上阿爾卑斯山風格的建築，回來後就開發了這個小村莊，有瑞士風味的小木屋，寧靜的湖畔，街道上有不少頗具特色的巧克力店、紀念品店、麵包店等等，加上鄰近牧場養了不少乳牛，充滿詩意的風光，有如置身在瑞士的童話世界一般。

▲ 在塔州的小瑞士村寄張明信片給自己。

晚餐

Food For Dudes（鎮上最美味的漢堡餐車），或是Me Wah Restaurant（回味一下家鄉味的中式料理）。

夜宿

朗瑟斯頓。

卡德奈特峽谷公園（Cataract Gorge Reserve）➜ Bridestowe Lavender Estate 薰衣草園 ➜ 火焰灣（Bay of Fires）➜ 聖海倫（St Helen）

早餐 Bakery & Cafe–Banjo's Kings Meadows（每天新鮮出爐的麵包店）。

上午

＃ 卡德奈特峽谷公園

▲卡德奈特峽谷纜車站。

距離市區不遠，橫穿公園的南艾斯克河（South Esk River）把峽谷分割成兩部分，南邊是岩壁與被叢林圍繞的泳池，北邊是蔥綠的樹林與國王橋，沿著步道走走相當愜意，可購票搭乘世界最長的單軌露天纜車，建於1972年，總長度為457公尺。

＃ Bridestowe Lavender Estate薰衣草園

來自倫敦的調香師CK Denny在1921年與家人移民到塔州時，順手帶了薰衣草種子，意外發現這裡和南法普羅旺斯的氣候相近，於是開始種植薰衣草，占地260英畝，約有650,000株薰衣草，堪稱是南半球最大的薰衣草園，夏天（12月至隔年2月初）是花季盛開的季節，也是需要購票參觀的時間；如果在非花季造訪，不妨品嘗一下好吃的薰衣草冰淇淋和英式司康，這裡販售的薰衣草精油或是用薰衣草種子填充的娃娃，放在房裡還可以增進睡眠品質呢！

◀
左：薰衣草冰淇淋
右：說明牌上介紹薰衣草園四季的變化。

◂ 用乾燥薰衣草填充的可愛玩偶，聞起來很紓壓。

▾ 夏天是盛開的季節，但只維持2至3週，出發前可以關注臉書官網，再決定是否前往。

午餐 Loud Iron，位在Scottsdale一間不起眼的小店，我有吃過比薩和義大利麵，口味還不錯。對面是超市，建議購買食材準備隔天早餐。

下午

火焰灣

●晴空萬里的白雲、湛藍的海水，紅通通的岩石，形成一幅美麗動人的畫作。

▲清澈見底的海水，沿著小步道往前走，可以來到沙灘摸摸海水。

曾被《寂寞星球》（Lonely Planet）評為世界必看景點之一。橙紅色的岩石及清澈見底的沙灘是其亮點，長滿橙色地衣的花崗岩，在陽光照射下彷似火焰一樣。建議在黃昏或日出時拍照會有加分的效果。其實從北邊的Ansons Bay沿著到南邊的Binalong Bay，整條海岸線約30公里，都可以看到類似的景觀。根據接下來的行程，建議可以看Binalong Bay這區即可，請導航Skeleton Bay Reserve。

1 3
2

1.火焰灣沿途都是秘境佳景。 2.公路旁隨處都是如詩如畫的倒影美景。 3. 來張網美照是一定要的。

晚餐 The Wharf Bar & Kitchen這家碼頭景觀餐廳，人多可以點海鮮拼盤，龍蝦、扇貝、炸魷魚、生蠔、明蝦都有。

夜宿 聖海倫小鎮或Scamander Sanctuary Holiday Park（類似非洲風格的帳篷住宿）。

◂ 非洲風格露營區的小木屋。

Day 06 沿著東海岸公路往南駛去 ➜ 畢奇諾噴水洞（Bicheno Blowhole）➜ 酒杯灣（Wineglass bay）

早餐 自行下廚或Swims East Coast Coffee（近五星評價的咖啡貨櫃屋）。

▸ 法式吐司搭配當季水果，美味極了。

上午

㊟ 塔斯曼海觀海台（Tasman Sea view point）

一個看海的眺望點，東邊望去約2,000公里就是紐西蘭，相隔塔斯曼海，1642年由荷蘭探險家亞伯塔斯曼Abel Tasman發現，故以他的名字命名。

㊟ 畢奇諾噴水洞

奇特的海岸地形及天然形成的噴水洞（Blowhole），風浪也許會很大，務必要注意安全。

◂ 相機準備好，隨時捕捉海水噴起來的一瞬間。

午餐 Tasmanian Coastal Seafoods或Lobster Shack Tasmania，在塔州，想吃海鮮怎麼挑？裝潢不一定特別華麗，靠海的小鎮通常也是港口，鐵皮屋往往賣著各種炸魚、生蠔、龍蝦、鮭魚與扇貝等，料理方式大同小異，重點是新鮮！

◂ 這應該是目前吃過最好吃的扇貝。

▸ 白酒大蒜炒淡菜。

小提醒 有生蠔的菜單上，常會看到Natural與Kilpatrick兩種選擇，前者代表生吃，後者會在每顆生蠔放上烤過的培根、番茄醬或伍斯特辣醬等。

▸超鮮甜生蠔，吃再多也不膩。

下午

酒杯灣輕健行

酒杯灣是菲欣納國家公園（Freycinet National Park）的必訪景點，享有全球十大最美沙灘之稱譽。位在塔州東邊，距離首府荷伯特約2.5小時車程，共有五條步道，最受歡迎的Wineglass Lookout路線由停車場出發來回約需1.5小時，步道中等難度，慢慢走還算輕鬆，到達觀景台再以酒杯灣海灘（Wineglass Bay Beach）和哈澤茲海灘（Hazards Beach）為背景拍照，景色令人嘆為觀止。如果時間充裕，可以從山頂沿著步道通往海灘，在酒杯灣沙灘欣賞綿延的海岸線和踏浪，來回約2至3小時。

1.往酒杯灣景觀台健行一景。
2.酒杯灣輕健行巧遇野生袋鼠。
3.美麗的海灣，過去卻是鮮血淋漓的捕鯨站。

晚餐 自行下廚，或外食Geographe Restaurant and Espresso Bar，或是Swansea RSL Sub Branch。

夜宿 酒杯灣或Swansea（有IGA超市）附近的露營區。

凱特草莓園（KATES BERRY FARM）➜ 羅斯（Ross）➜ 亞瑟港（Port Arthur）

早餐 自行下廚（培根三明治搭咖啡）。

上午

▲採草莓是很受歡迎的活動。

凱特草莓園

出生於維多麗亞州的Kate，初訪塔州就愛上這裡天然的環境，在一次偶然的機會認識當地農夫，卻得知苦無銷售的管道，得知這裡的氣候相當適合種植覆盆子、草莓及黑加侖，相當有商業頭腦的她，於是在此開啟了她的事業。

羅斯

建於1812年，是澳洲最古老的小鎮之一，世界聞名動畫大師宮崎駿在《魔女宅急便》裡，小魔女KIKI住宿及打工的麵包坊，就是以Ross Village Bakery做為發想的創意來源，走進時彷彿就像走進動畫的感覺一番，牆壁上還貼有相關的報導，這裡採用古法燒烤的麵包，嚼起來可有特別的香氣！

1
3 2

1.鎮上古色古香的郵局，特別的是裡面還有兼賣不少有趣的紀念品。
2.好吃美味的麵包就是來自背後的蘇格蘭式柴爐。
3.烘焙坊必吃扇貝派，我更推酥中帶綿密口感的香草蛋糕。

tips

塔斯馬尼亞水果小常識

在塔州自駕，整年度都有機會遇到不同水果的產季（如下表），如果在路上有看到任何招牌寫某某農場（XXX Farm），就直接開進去吧！如果遇到產季，通常可以現場體驗採果樂趣，如果不是產季，那就買點果醬或吃吃水果口味的冰淇淋也不賴。

塔州每年農產品（註 1）的國內與出口產值高達3億元澳幣，過去還出口不少蘋果到歐洲，這裡生產的莓類與櫻桃在冬天偏冷的氣候種植下，長的慢，品嘗起來更有一番風味，在世界上的產量占比雖不高，但天然與純淨儼然成為這裡農產品最佳的代名詞。

1 2 3

1.塔州常見的果園，可以現採現買現吃。
2.清脆香甜的蘋果也是塔州特產之一。
3.3～11月都吃得到西洋梨，放越軟越好吃，口感綿細也是法式甜點的好食材。

塔州水果產季圖

	7月	8月	9月	10月	11月	12月	1月	2月	3月	4月	5月	6月
蘋果	■	■	■	■	■				■	■	■	■
杏桃							▒	▒				
黑莓							■	■	■	■		
藍莓						▒	▒	▒	▒	▒		
櫻桃						■	■	■				
斐濟果	▒										▒	▒
甜桃							■	■	■			
水蜜桃							▒	▒	▒			
西洋梨	■	■	■	■	■				■	■	■	■
李子							▒	▒	▒	▒		
覆盆子						■	■	■	■	■	■	■
草莓				▒	▒	▒	▒	▒	▒	▒	▒	

註 1：塔州農產品主要分 Pome Fruit（果類通稱，例如蘋果或梨子），年產值約 4 千萬澳幣；Stone Fruit（核果類通稱，例如櫻桃或杏桃），產量占整個澳洲的 51%，台灣是前五大出口國之一，年產值約 7 千萬澳幣；Berries 包含藍莓、草莓、覆盆子與黑莓，年產值約 2 千萬澳幣，在澳洲超市一定要買來自塔州的綜合莓果汁嘗一嘗。

㊢ 羅斯橋

鎮上這座澳州第三古老的橋，由女囚犯在1836年建成；街上十字路口的四個角座落分別是酒館、市政廳、天主教堂和女子監獄等四棟建築，據說分別代表著誘惑、救贖、重生及詛咒；塔州羊毛中心Tasmanian Wool Centre，可以了解美麗諾羊在澳洲扮演的重要經濟地位。

◀ 近200年歷史的古橋，上面有來自囚犯石匠丹尼爾·赫伯特精緻的手工藝雕像。

午餐 Ross Village Bakery（推薦扇貝派）。

下午

㊢ Eaglehawk Neck

車子行駛在亞瑟公路上，正式進入到塔斯曼半島（Tasman Peninsula）時，會經過一條極窄的道路（寬僅30公尺）就像老鷹的脖子一樣的細，以前避免關在島上的犯人從陸路逃脫，據說當時派了9隻狗在此守候，回程再順路停車跟狗狗銅像拍照。

▲ 據說為避免犯人從陸路逃脫而派兇犬守在此處。

地質景觀

在島上有不少經年累月，被南大洋的洋流與海水沖刷形成的天然奇景，如塔斯曼拱門（Tasman Arch）、不可思議洞穴（(Remarkable Cave）、棋盤石 （Tessellated Pavement）、噴水洞（Blowhole）和魔鬼廚房（Devils Kitchen）每個景點都距離不遠，只需10～20分鐘車程，如果不趕時間的話，不妨可以一一拜訪。

white beach則是看夕陽的絕佳景點。

晚餐

自行下廚（附近有IGA超市可採買）或Tasman Ex-Service's Club。

夜宿

亞瑟港附近的露營區。

▸露營區常見的告示牌，此為留意塔斯馬尼亞州長鼻袋鼠。

●塔斯曼拱門可說是大自然鬼斧神工下的佳作。

Day 08 亞瑟港遺址（Port Arthur Historic Site）➜ 塔斯馬尼亞袋獾開放式動物園（Tasmanian Devil Unzoo）➜ 荷柏特 ➜ 威靈頓山（Mount Wellington）

▲前往惡魔島的登船碼頭。

▲
左：凡是被關進隔離監獄，可是一句話也不能講。
右：遺址內還設有一間藏書超過萬冊的圖書館，希望讓短期做錯事的囚犯有持續學習的機會。

▲亞瑟港遺址全貌，過去發生的火災已摧毀大部分建物。

早餐 自行下廚。

上午

⊕ 亞瑟港

位於塔斯曼半島的南部，過去關的是二次犯案或重刑犯居多，因為島的四周環海，而且離任何小鎮都偏遠，所以成為一個不易逃脱的地點。現在則被聯合國教科文組織列為世界文化遺產，在這些修復的遺址中，可以看到當年罪犯建造的教堂、火藥庫、牢房和守衛塔等。旅遊服務中心下層的展覽館有詳盡圖片讓你了解囚禁犯人的苦難歷史。入場門票可根據主題跟停留時間做選擇，或直接買site entry，包含藝廊跟超過30座遺跡的參觀，還有20分鐘遊船環繞死亡之島和徒步導覽，可進一步了解囚犯及島上居民的生活。

午餐

Rosedale Homestead，前往動物園會經過這間民宿經營的餐館，如未準備任何食物，就在此簡單吃。

下午

塔斯馬尼亞袋獾開放式動物園

▲塔斯馬尼亞惡魔，又稱袋獾。

位在塔斯曼半島上的開放式動物園，有別於傳統圈養的動物，這裡大多都是野生的，這個創意是來自於動物園的設計者Jon Coe和Ray Mendez，他們希望能夠顛覆過去模式，讓參觀者有另類的體驗，也讓居住在這裡的動物增加更多自由與尊嚴，因此命名為UnZoo。袋獾（Tasmania Devil）由於是夜行性且獨行的動物，要在路上遇到的機會少之又少，來此一定要找看看這個澳洲本土已經滅絕的有袋類動物。

小提醒 往荷柏特行駛，建議選會經過 Sorell 的這條路，再沿著 A3 開，會經過一條跨海的橋，夕陽或天氣好的時候，拍照很美。

荷柏特

澳洲第二古老的城市，倚靠著威靈頓山，面對Derwent河，繁忙的港口，漫步在古老的砂岩倉庫之中，彷彿是一幅會流動的美景，這裡更是每年雪梨-霍巴特帆船大賽（Sydney to Hobart Yacht Race）的終點站，少了澳洲大城市的商業氣息，卻多了鄉下純樸的簡單自在，是塔州的首府。

▲左：擁有海上移動廚房美稱，載你到外海吃現撈海鮮的遊船。 右：整排都是砂岩建築改建的商店，相當好逛。

標高1,271公尺，由荷伯特市區開車前往約40～60分鐘車程，是俯瞰整個城市全貌和大海的最佳地點。山上有多個觀景台和登山步道，景觀令人震撼，建議早上與傍晚各來一次，白天當山頭被雲霧環繞著時，讓你有置身仙境之中的感覺，至於從傍晚待到晚上，天氣好的時候會看到土耳其藍的天空還有銀河，山頂上的景觀台沒有遮蔽物，溫度會比市區低至少5～10度，務必攜帶禦寒衣服與外套，山上容易起霧，自駕者請小心緩慢行駛。

▲夢幻迷離的威靈頓山夜景，吸引遊客駐足欣賞。

◀威靈頓山是俯瞰荷柏特市區最佳的景觀台。

▶畢竟是亞洲胃，冷冷的天氣來碗清湯河粉，開心滿足。

晚餐 Sapa Rose越南河粉，天氣冷冷的，又吃了很多天西餐，這時來碗湯麵不賴吧。

夜宿 荷柏特。

薩拉曼卡週末市集（Salamanca Market）➜ 里奇蒙（Richmond）➜ 皇家塔斯馬尼亞植物園（Royal Tasmanian Botanical Gardens）

1 2　1.可愛的貝果攤。
3 4　2.市集裡的手工香皂攤特別吸引人。
3.各式各樣的當地手工木製品。
4.琳琅滿目的衣物攤令人駐足。

上午

⊕ 薩拉曼卡週末市集

每週六上午8點半至下午3點舉行，從廣場的砂岩舊倉庫一路排開，大概有上百個攤位不等，除了木製的手工藝品外，還有眾多生活用品，例如香皂、衣物、乳酪、酒品、鮮花、新鮮蔬果……以及當地生產的蜂蜜和各種薰衣草產品，不時有街頭藝人表演，絕對是採購紀念與好好填飽肚子的時機。

⊕ 貝特里角區（Battery Point）

從薩拉曼卡市集的舊倉庫步行約10分鐘，來到了一個充滿維多利亞式木造建築的區域，重新裝潢的建築部分改建成商店、旅館或文青咖啡館，推薦這裡的Jackman & McRoss烘焙坊，必吃牛角麵包加杯Flat White白咖啡，再挑個戶外的座位，盡情地發個呆吧。

▸
左：貝特里角區，保留不少喬治亞式的木造建築。
右：Jackman & McRoss烘焙坊販售當日現烘歐包。

早午餐 薩拉曼卡週末市集享用。

下午

㊟ 里奇蒙

位於荷柏特東北方的小鎮，擁有澳洲最古老的石橋和監獄。橋的旁邊有一大片的綠茵草地，有時會看到鴨子在這兒散步，橋的東邊是歷史悠久的聖約翰天主教堂，規模雖然不大，卻散發著一種神聖力量。鎮上有不少迷你可愛的商店，選家喜歡的店，推門進去點杯咖啡來份甜點享用，歇歇腿；如果對木製品有興趣，這裡或許可找到紀念且實用的商品。

▲
上： 鎮上頗具風味的酒吧旅館。
下：充滿英式風味的Czegs' Richmond下午茶。

㊟ 皇家塔斯馬尼亞植物園

建於1818年，澳洲第二古老的植物園，園區分為日式花園、百年拱橋、百年花鐘、溫室花園、苗圃花園、餐廳與紀念品區，門票免費，自由樂捐，是當地人週末休憩生活的好去處。

▲距離市中心不到半小時車程，即可來到綠意盎然的植物園，秋天造訪會呈現黃紅綠三種色彩的葉子，相當漂亮。

晚餐 The Cornelian Bay Boathouse，可欣賞塔斯曼橋的景觀餐廳，推薦海鮮濃湯。

夜宿 荷柏特。

Day 10 新舊藝術博物館（Museum of Old and New Art）➜ Cascade 啤酒廠 ➜ 前往機場

上午

◀
左：利用砂岩做成建築本體，整面牆展示的是自由想像的藝術作品。
右：一旁是靜止的水面，站在中間的人卻恰恰好沒有被水淹沒。

⊕ 新舊藝術博物館

成立於2011年，創辦者David Walsh靠賭博致富，將他的私人收藏分享給大眾參觀，館藏包括前衛大膽的禁忌議題，例如性與死亡，共有三層樓，超過三百件藝術品，與其用美術館倒不如用遊樂園來形容這裡更為洽當，懂不懂藝術不重要，這裡絕對很好玩。

早午餐 Room For A Pony，結合中西式的料理方式，頗具創意。

下午

⊕ Cascade啤酒廠

澳洲最古老的啤酒廠，酒標是已經滅絕的有袋類動物袋狼，可以參加付費導覽或自由參觀，部分啤酒沒有賣到澳洲本島，不妨可以嚐嚐。

▲
左：利用袋狼作為酒標是最大特色。
右：來找看看你喝過哪幾款啤酒？

> **小提醒** 前往荷柏特機場還車，準備飛往澳洲其他城市，建議預訂隔天的班機回台灣，比較保險，多一天的時間留在雪梨或墨爾本，可以安排血拚購物行程。

兔子危機？狡兔圍籬？

入境澳洲，海關單務必誠實填寫，如被懷疑攜帶非法物品，會請你到紅地毯上讓狗狗聞一聞，再打開行李徹底搜查，但為何海關這麼嚴？

過去有位英國軍官約翰．麥克阿瑟從西班牙引進美麗諾羊到雪梨，草原遼闊、陽光充足，加上鑿井技術，結果大量繁殖，而且長得比在歐洲還好，1991年全盛時期，有多達1億6千隻的羊，當時又被稱為「騎在羊背上的國度」。羊肉可以食用，羊毛可做被子、地毯跟動物娃娃的填充物；由於吸汗、透氣佳且保暖等特性，過去是運動員服飾的材質；羊毛裡天然產出的油脂，就是我們擦的乳液；最後羊老了還可製成狗罐頭。隨著科技發達，可以取代的商品越來越多，根據2023年統計，羊的數量只剩下7,000萬隻。

生活富足後，接著也要來點育樂，英國人喜歡獵兔，有位湯瑪斯．　斯丁把兔子引進墨爾本，由於兔子在澳洲沒有天敵，6個月性成熟後，每年最多可以生下24隻，平均壽命8～15歲，幾年後有上億隻兔子在東澳亂竄，在牧場和農場挖洞，導致機台無法正常運作，兔子又會把羊的牧草吃光，正當4,000公里遠的西澳人得知這消息後，竟然在7年間，由北到南建了三條累計三千多公里長的圍籬，目的就是要防止兔子跑來西澳，但有效嗎？

天真的澳洲人引進兔子的天敵「狐狸」，結果跑去吃動其他有袋類動物，也嘗試在胡蘿蔔下毒，最後是生物學家從美洲引進一種依靠蚊子傳播的黏液瘤病毒（Myxoma virus），這種病毒的天然宿主是美洲兔，能在美洲兔體內產生不致命的黏液瘤，對於人與澳洲其他野生動物無害，但對於歐洲兔子來說卻很

▲美麗諾羊由西班牙引入澳洲。

1 2 3

1.內陸蒼蠅動輒遍佈全身。
2.就在這裡，蒼蠅跑進我的喉嚨，然後又吐了出來。
3.澳洲內陸旅行必備蒼蠅網。

致命。澳洲科學家便將這種病毒透過蚊子傳播給兔子，死亡率高達99.9%，直到1952年，80%～95%的兔子被消滅掉了。

澳洲有三多：酒鬼多、胖子多，還有蒼蠅多。這裡的蒼蠅多到當地人都不敢正常說話，在內陸旅行曾有蒼蠅飛進喉嚨裡的經驗。因為畜牧業加上缺水，導致蒼蠅叢生，到處沾黏牛羊糞便，影響環境衛生，後來科學家注意到，像袋鼠、袋熊等有袋類動物的糞便是不會引來蒼蠅，經研究才發現是被甲蟲吃掉的。但這些澳洲原生的甲蟲只吃堅硬、乾燥和纖維狀的糞便顆粒，至於牛、羊是1880年代才引進澳洲，牠們的糞便偏向大型、柔軟且潮濕，這些糞便留在土壤的時間越久，還會降低土壤的肥沃度，進而減少放牧的土地面積，更令人苦惱的是，果蠅專靠這些糞便維生。

於是澳洲跟南非科學家一同進行研究，因為南非也有飼養牛、羊，但卻不會孳生蒼蠅，主因是這裡的甲蟲會把牛羊的糞便吃掉，若直接把這種甲蟲引進澳洲，怕會重蹈覆轍兔子事件，所以科學家針對要引進澳洲的甲蟲，得符合以下條件：只吃牛糞、行動快速且在糞便中繁殖、要能迅速吃掉糞便、能跟澳洲當地物種相容、且適應澳洲氣候環境。最後，科學家終於在澳洲不同的州，引進不同甲蟲，有效減少80%以上的蒼蠅。澳洲人常會開玩笑說：「我們可以在戶外悠閒地喝咖啡，都要感謝這些甲蟲的功勞」。原來嚴格海關的背後，有這麼多有趣的小故事！

最可愛的有袋類動物在這裡

澳洲，原本隸屬於岡瓦那古大陸，最後一次劇烈的地殼變動發生在2億3千萬年前，後來分裂成非洲、印度、南美洲、南極洲與澳洲，接著澳洲脫離南極洲往北方漂移，經過許多年才到達今日位置。由於地理條件特殊，常見的無尾熊、袋鼠，以及世界唯二的卵生哺乳類動物鴨嘴獸與針鼴等等，這裡幾乎一半以上的動物都是特有種，大多沒有天敵，每個都有獨特的生存之道，所以才能存活迄今。

有袋類動物都是早產兒，袋子的用途就是保溫箱。以袋鼠為例，平均懷孕一個月就可以產下2～4隻紅豆般大小的幼兒，出生後就緊咬住袋鼠媽媽的乳頭，如果掉進袋子裡，就會餓死，最後只有2隻可以存活，因為乳頭排列是上下各兩個，通常會有2隻吸不到，8、9個月後，才會離開育兒袋獨自生活，在內陸缺乏水源與糧食的情況下，母袋鼠是可以延緩生產時間的，是不是很神奇呢？袋鼠叫做Kangaroo，據說當年庫克船長航行來到澳洲，登陸時第一次看到這種稀奇的動物，就問當地原住民這是什麼？結果不懂英文的原住民回說：「gangurru」，意思是「不知道」，沒想到卻陰錯陽差一直沿用到現在。

袋鼠：澳洲袋鼠大約有5、60個品種，最大的紅袋鼠身高約1.5公尺，體重多達70至80公斤。袋鼠吃素，舉凡灌木叢、草類」樹皮等，都是牠的食物，在由於適應力超強，目前數量氾濫成災，有不少地方還雇用獵人獵殺袋鼠，袋鼠皮用來做裝飾，袋鼠肉也可以食用，曾在中澳愛麗絲泉酒吧嘗過，印象中蠻有咬勁，不過心裡還是有點怪怪的。

▲不定期在城市間移動的小農場。

◀袋鼬（食肉、夜行性有袋類動物，交配季過後，長途移動找尋繁殖對象，因為缺乏休息，常有大量雄性袋鼬死亡）。

▲在澳洲的動物園，可以近距離接觸與親手餵食袋鼠。

◂ 半睡半醒無尾熊，萌度爆表。

無尾熊：超萌無尾熊就沒這麼幸運，野外的汀狗、野貓和老鷹都是牠們的天敵，加上人類過度開發，把牠們賴以為生的尤加利葉砍光，現在面臨絕種的命運！無尾熊叫做Koala，意思是「不喝水」。尤加利葉樹在澳洲將近有500種，而無尾熊專吃有毒的十幾種，牠們透過樹葉獲取水分，但因為含有毒性，導致他們每天需要睡上十多個小時來分解。尤加利樹葉特別粗糙，而且纖維相當堅硬，無尾熊每天都需要咀嚼上萬次，才能攝取到足夠養分。很多年老的無尾熊，因為牙齒過度磨損，無法進食，最後餓死了。

▴
左：袋熊外型可愛，是澳洲特有的有袋類動物之一。
右：傳說中袋熊的方形便便（世界唯一）。

袋熊：個人最喜歡的有袋類動物，排名第一的非袋熊莫屬。袋熊叫做Wombat，中文發音很像王八，牠們長期住在地底下，專長是挖洞，避免袋熊寶寶在挖洞過程中從育兒袋裡掉出來，所以演化出袋口朝後的構造，別看牠胖胖的，警覺性超高，每當遇到危險時，袋熊跑起來時速高達40公里，但只能維持90秒鐘，卻也足以將敵人引誘到事先設下的洞穴，將其悶死。袋熊也吃素，牠的腸子不像其他動物充滿彈性，所以大出來的便便可是世界唯一的正方形。澳洲分布的袋熊品種都不同，我覺得最可愛的還是在塔斯馬尼亞的搖籃山國家公園。

▴ 西澳特大隻袋熊，看起來胖胖憨厚樣很討喜。

袋獾：提到塔斯馬尼亞，自從汀狗被引進到澳洲本島後，卻導致有袋動物袋獾絕種，目前只有這座獨立的小島才有野生袋獾（因

1 2 3
4

1.澳洲本島已經絕種的袋獾。
2.袋獾目前是塔斯馬尼亞最大的食肉動物。
3.看似溫馴卻兇猛的汀狗。
4.又稱為塔斯馬尼亞虎的袋狼，已絕跡八十多年了。

為汀狗游不過去）。袋獾體積跟小狗差不多，全身黑色皮毛，胸前有一條橫的白毛，因為發出的聲音有點可怕，所以又叫做塔斯馬尼亞惡魔。移動速度緩慢，夜行性動物，常常獨來獨往，聽覺跟嗅覺比視覺來的靈敏。袋獾專吃腐屍，尤其袋熊更是牠的最愛，一天最多可以吃下將近體重一半的食量！

袋狼：在1930年代以前，袋狼才是當地最大的食肉動物。牠也是有袋動物的一種，長得像有老虎橫紋的狼，嘴巴張開可達180度。隨著歐洲人來到這裡開墾，很多袋狼賴以為生的小動物滅絕後，導致袋狼轉向攻擊牛羊，最後在歐洲人的圍剿之下，終究滅絕，現在只能Cascade的啤酒酒標上找到牠們了。

鴯鶓：在動物園常見的另一種動物是鴯鶓，外觀像鴕鳥，但體型小一點，是全世界第二大，澳洲第一大不會飛的鳥類，跟鴕鳥最大差別是牠有三支腳趾，但鴕鳥只有兩趾。下的蛋是淡綠色，大約500公克重，而鴕鳥蛋是白色，足足有1公斤重。每當繁殖季節，母鴯鶓會到處交配，下蛋後由公鴯鶓負責孵蛋。

左：在度假村內發現的野生鴯鶓。
右：搖籃山國家公園裡可看到野生針鼴。

鴯鶓爸爸會連續八個禮拜不吃不喝，只有在需要翻轉蛋的時候才會站起來，不過諷刺的是，公鴯鶓孵的蛋不一定是自己的骨肉。另外，鴯鶓和袋鼠一樣，只會向前走，不會倒退，因此獲選為澳洲國徽上的代表動物，象徵國家不斷向前進步。

針鼴和鴨嘴獸：全世界唯二的卵生哺乳類動物：針鼴和鴨嘴獸，盡在澳洲。

針鼴屬於有袋類動物，外觀像刺蝟，還有像鳥的長嘴。有趣的是，針鼴並沒有乳頭構造，每當小寶寶肚子餓了找奶喝，針鼴媽媽會從育兒袋接收到寶寶的刺激，再從皮膚分泌乳汁育兒。針鼴的體溫相較於其他哺乳類來得低，大約攝氏32度，加上牠的新陳代謝慢，平均壽命可以活到40到45歲。

最奇異的動物就屬鴨嘴獸，具備河狸的尾巴、鴨子的喙、水獺的腳，用肺呼吸，獨居且害羞的水陸兩棲動物，在澳洲野外不易遇見。雄性鴨嘴獸後肢可分泌數十種毒液保衛自己，牠也是少數身上具備電感應器的哺乳類動物，游泳時可發出電場感應周遭環境，精準的攻擊獵物。因為鴨嘴獸的獨特性，所以和針鼴、笑翠鳥獲選為千禧年雪梨奧運象徵大地、空氣與水的環保吉祥物。

㊓ 我們是罪犯建立的國度

民以食為天，在澳洲不論住的是三星或五星飯店，早餐必備培根、炒蛋、香腸，烤番茄、蘑菇、焗豆、薯餅和吐司，再配上一壺濃郁的紅茶，這是傳統的英式早餐；來到大洋路，中午在Apollo Bay的酒吧享用肉派或炸魚薯條，過去曾被英國殖民，導致飲食文化也很英式。

1 2 3　1.澳式早餐。 2.經典澳式牛排。 3.超豐盛海鮮拼盤。

1770年，庫克船長執行金星凌日的任務，意外發現紐西蘭和澳洲，他是第一個把這兩個國家放在世界地圖上的人，也知道從柑橘檸檬補充維他命C，所以沒有船員得到壞血病而死亡；航行中，不分官階，而是根據體重來分配船上食物，因此受到後人景仰，現今紐西蘭的庫克山、南北島的庫克海峽與墨爾本菲茲洛花園內的庫克小屋，都是以他的名字命名。可惜的是，第三次航海任務是要尋找連接太平洋與大西洋的西北通道，返回夏威夷群島避冬時，與當地原住民發生衝突，最後客死他鄉。

1776年美國宣布獨立，導致英國關犯人的監獄不夠用，1788年由菲力普船長率領第一艦隊，將罪犯往這裡送，殖民才正式開始，由於地處偏遠，人口增長緩慢，後來因為1850年代的淘金熱，加上一二次世界大戰後，人口驟減，開放的移民政策，才讓這塊大陸的人口快速增長，也間接形成民族的多樣性、飲食文化的豐富性。現在來澳洲旅遊，各種異國料理，例如日本拉麵、德國豬腳、越南河粉、希臘捲餅、西班牙tapas，就連台式雞排與珍珠奶茶，營業到半夜的大排檔，應有盡有。

◂
左：希臘捲餅。
右：越南河粉。

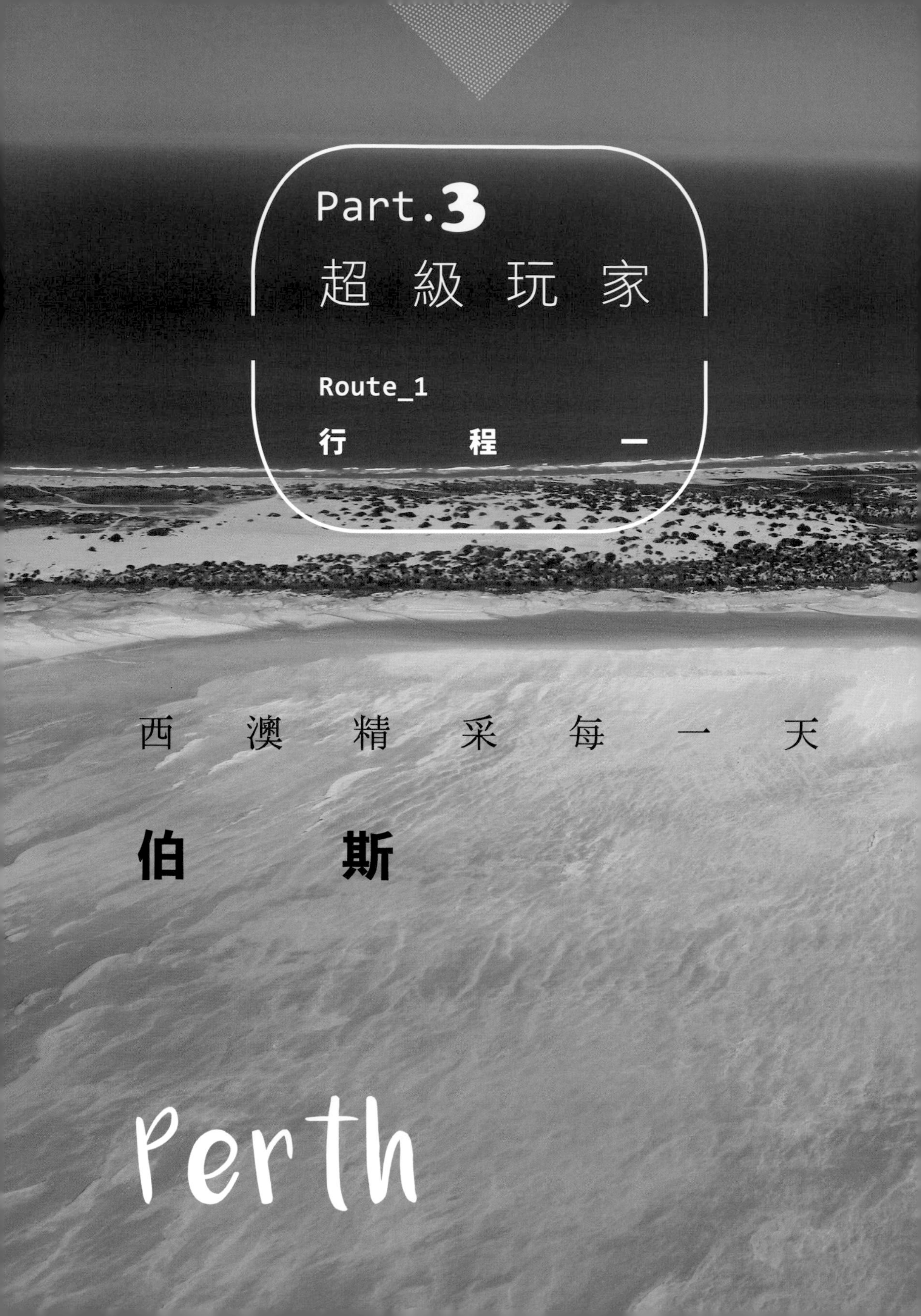

Part.3 超 級 玩 家

Route_1

行　程　一

西　澳　精　采　每　一　天

伯　斯

Perth

MUST DO

此生必玩 Skydive、與短尾矮袋鼠自拍、搭海上小火車到海底水族館尋找熱帶魚、在自然之窗捕捉日出、搭小飛機俯瞰粉紅湖、黃金內陸衝浪吃現抓龍蝦、Monkey Mia 餵海豚、星空銀河。

Dary 眼中的西澳

伯斯，是澳洲最沒有商業氣息的一座城市，這裡沒有世界知名的觀光景點，也沒有豐富熱鬧的夜生活，週末一到，每個人都是往印度洋的海邊，或是內陸的露營區，享受與家人的度假時光。從伯斯出發，開車往北600公里，會經過佇立在荒漠之中的尖峰石鎮（Pinnacles Desert Discovery Centre）、被上帝遺落調色盤之稱的粉紅湖、經年累月風化形成的自然之窗；往南400公里，有開往海上的小火車、暗藏在地底下的鐘乳石洞、搭船出海品嘗現抓西岩龍蝦，還可見證南大洋與印度洋交匯處的燈塔；往西離島處，網球選手費德勒曾經和短尾矮袋鼠自拍的羅特尼斯島（Rottnest island）；往東則是不會游泳也可衝浪的波浪岩（Wave Rock）。如果你去過東澳，更應該來西澳看看，如果還沒來過澳洲，那就先來趟西澳吧！也許就會和我一樣，愛上這裡的簡單與純樸。

▸在小飛機上找尋印度洋秘境，這裡的粉紅搭配鹽湖的白，漸層的夢幻美景，相當罕見。

▾遼闊的荒漠之中出現一大片巨石陣，令人嘖嘖稱奇，這裡也是夜晚觀星的最佳地點。

●巴瑟頓木造長堤小火車。

●西澳的海，用湛藍碧綠好像都不足以形容，只有眼見為憑。

西澳大利亞州基本資訊

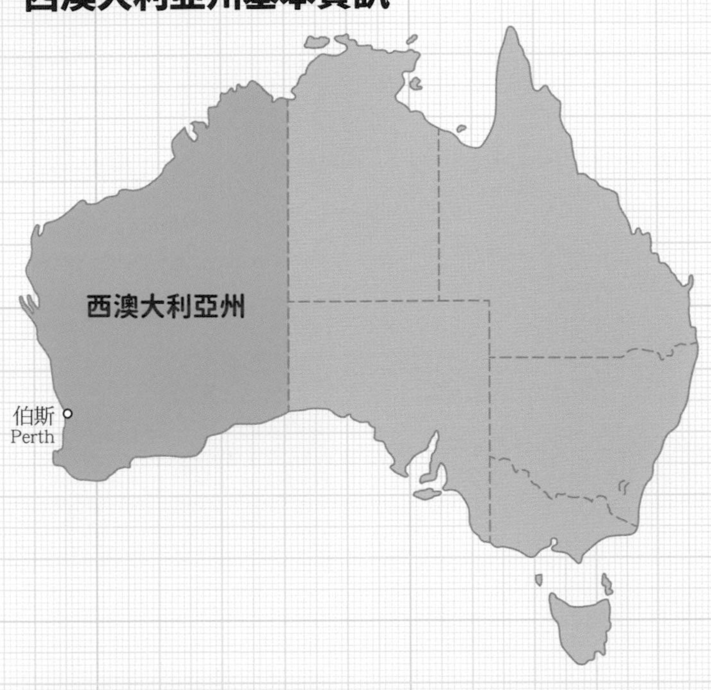

▲
上：確酷似海浪卻是岩石而聞名的波浪岩，形成於二十多億年前，是西澳著名奇景之一。
下：港口碼頭必吃海鮮拼盤。

建城時間 ▸ 1829 年。

首府 ▸ 伯斯（Perth）。

州動物 ▸ 食蟻獸或帶狀食蟻獸（The numbat, or banded anteater）。

州鳥 ▸ 黑天鵝（Black Swan）。

州花 ▸ 紅綠袋鼠爪花（Red and Green Kangaroo Paw）。

交通 ▸ 目前台灣沒有直飛航班，必須在香港、新加坡等地轉機。

面積 ▸ 2,525,500 平方公里（約台灣 70 倍大）。

人口 ▸ 約 287 萬（截至 2023 年 6 月統計，約 7 至 8 成居住在伯斯）。

人均 ▸ 約 14.6 萬元澳幣。

產業 ▸ 礦業，農業與畜牧業。

旅遊方式 ▸ 跟團或自駕。

建議天數 ▸ 至少 8 天（不含搭機時間）。

每日預算 ▸ 每人 300 元澳幣起。

旅遊型態 ▸ 穿梭在荒漠小鎮，欣賞地質景觀，看海景品嘗美酒食。

最適旅遊季節 ▸ 春天（野花季）與秋天，夏天偏熱。

旅程設計理念－西北澳

西澳景點分散，夏季相當炎熱，設計兩條不同季節的行程路線，一條往北到Monkey Mia，建議在春秋兩季旅遊；另一路線則是西南澳繞一圈，基本上春夏秋三個季節都合適，如果想要的是另類的旅遊體驗，就往北走，西南澳這條路線相較輕鬆悠閒，適合度假與退休人士。

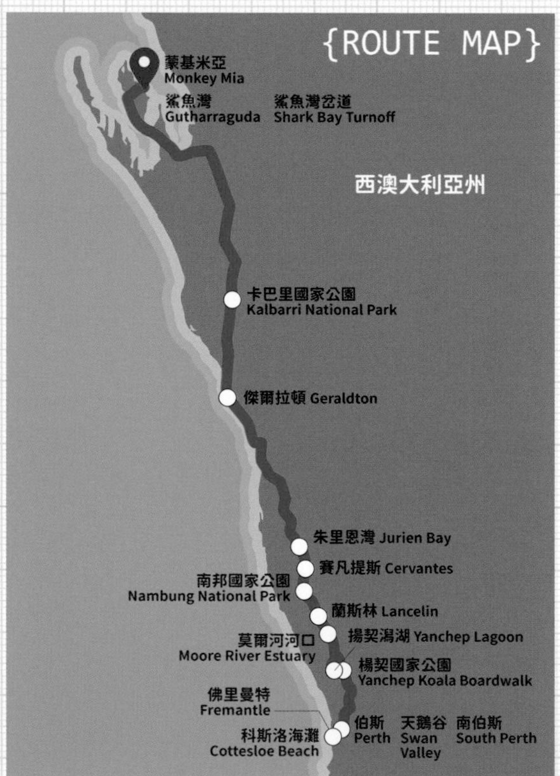

↑↑ 從伯斯出發，一路往北玩，直到蒙基米亞度假村（RAC Karri Valley Resort），最後回到佛里曼特（Fremantle）作結。

▲一望無際的內陸風光。

▲位在卡巴里國家公園的自然之窗。

▲公共筒倉藝術之路（Public Silo Trail）。

西北澳行程簡表（適合季節：春、秋、冬）

D1 印度洋 滑沙和跳傘 → D2 抓西岩龍蝦船 卡巴里國家公園 → D3 自然之窗看日出 世界遺產鯊魚灣 → D4 遨遊粉紅湖 尖峰石鎮 → D5 哈姆林池 貝殼沙灘 → D6 餵海豚 × BBQ 海邊游泳發呆 → D7 尋找野生無尾熊 國王公園野餐 → D8 動物園 × 酒莊 outlet 逛街購物 → D9 佛里曼特週末市集 南伯斯夜景

左：西澳州花—袋鼠爪花。
右：海天一色的美麗風景，讓人心情大好。

伯斯 ➜ 揚契潟湖（Yanchep Lagoon）➜ 蘭斯林（Lancelin）➜ 朱里恩灣（Jurien Bay）

機場取車，建議辦Telstra門號，在內陸的訊號比較好。

早餐 Sayers Sister，帶有復古的裝潢與設計的餐廳，當吊燈的光線照映在餐食上時，趕快來張網美照吧！

上午

用完早餐，可以到附近的Hyde Park散散步，這是座藏身在市區內的小公園，迷你舒適，有兒童遊憩區、BBQ烤台以及兩座小湖泊；途經Spudshed Butler，可以採購些水果零食。

揚契潟湖

自駕最彈性的就是想停就停，位在Yanchep小鎮，天然形成的類潟湖，漸層的碧綠海景與礁石，在藍天白雲照映下，印度洋好美啊！

◀ 從伯斯出發，往北駛去的內陸風景，彷彿是一條看不到盡頭的道路。

小提醒 此活動有一定的風險，請自身評估後再決定是否體驗。

蘭斯林

距離柏斯北邊126公里處，因為捕龍蝦產業而興起的小鎮，一旁印度洋的季風，不斷把白沙吹到沿岸，11月到隔年4月是最適合玩風帆與風箏衝浪的月份，每年1月中更是舉辦全澳洲最大的風帆賽事The Lancelin Ocean Classic。

▲ 蘭斯林白沙丘搭4DW體驗另類刺激。

可先預約滑沙板（業者也有提供其他沙丘活動），拿到板子再把車開往沙坵附近，務必要慢慢開，因為天氣熱會有爆胎風險，先在白沙丘尋找滑下處都是沙子的區域，避免滑下

▲記得防曬才不會像我這麼黑。

◀浩瀚無垠的白沙漠，有時會達到3、4層樓的高度。

來，撞到粒岩處。爬到山丘後，往後看就是浩瀚的印度洋與每天千變萬化的白沙，接著選好下滑處，坐在板子上，斜斜往後躺，雙手張開滑下去，切記千萬不要向前傾，否則會受傷。

相關資訊

午餐 Endeavour Tavern餐廳。

下午 ⊕ 朱里恩灣

相關資訊

往西北澳行程中會經過的小鎮，除了吃午餐及加油之外，還有第三件事可以做，那就是Skydive（高空跳傘），費用約澳幣339元起，會根據高度、照片與影片等內容有所不同，除非超過90公斤或有特殊疾病，不然既然剛好經過了，就跳一下吧！

▲西澳必玩Skydive。

晚餐 Kakka Alley Brewing，充滿內陸風味的小酒吧。

夜宿 朱里恩灣小鎮（可預訂有廚房的住宿）。

朱里恩灣 ➜ Northampton ➜ 卡巴里國家公園（Kalbarri Nationa Park）

上午

抓西岩龍蝦船（Rock Lobster Catch and Keep Boat Tour）

每週四清晨5點出發，全程90分鐘，可以欣賞日出、體驗漁民捕抓龍蝦的過程、了解澳洲人對於生態的保育，結束後每人可帶走現抓的龍蝦。

◀ 巨大的西岩龍蝦為西澳特有種。

相關資訊

早午餐　回到住宿的廚房，料理清晨捕捉回來的龍蝦，清蒸、水煮淋上醬料或快炒，再搭配生菜、薯條、麵包，就是超級豐盛的龍蝦大餐。

▶ 去除龍蝦頭的迷你道具。

下午　駕車途經超市Northampton IGA Plus Liquor，可以採購晚餐食材，然後沿著139公路往卡巴里前進。

Red Bluff Lookout

西南澳的海邊是沙質地形，可以游泳，來到西北澳大多都是岩岸地質，在海浪與風力侵蝕之下，形成古老原始又充滿遼闊的美。

卡巴里

以小鎮為界，東邊是4億多年前內陸河流形成的峽谷地形，也就是占地面積186,000公頃的卡巴里國家公園；西邊則是經年累月由海水沖刷加上風力形成的斷崖地形。

●卡巴里小鎮的海岸懸崖奇岩景觀。

●沿著印度洋延伸的海岸線，海浪不斷撞擊將岩石沖刷成層層的獨特景色。

晚餐 Kalbarri Pizza & Pasta或自行下廚。

夜宿 卡巴里小鎮（可預訂有廚房的住宿）。

小提醒

盡量早睡，隔天要去自然之窗看日出；請準備頭燈或手電筒。

Day 03

自然之窗（Nature's Window）➔ 鯊魚灣岔道（Shark Bay Turnoff）➔ 蒙基米亞（Monkey Mia）

●自然之窗可以說是西澳自然景觀代表性之一，壯闊風景令人嘆為觀止。

小提醒

國家公園內還有其他步道，如果是夏天（11 月到隔年 3 月）來訪，高溫可能達 50 度以上，部分長程步道會關閉，假使走其他短程步道，務必帶足飲用水。

上午

卡巴里國家公園

前晚先查隔天日出時間，提早出發到自然之窗停車場，再慢慢走過去，等日出；這裡需門票，一般轎車12人以內，每台澳幣15元。看到的紅色Tumblagooda砂岩是存在於四、五億年前，由莫奇森河（Murchison River）流經的卡巴里國家公園，每層的波浪紋路證明這個區域過去是由海水潮汐的起伏所形成的，至於自然之窗是由長期的風力侵蝕而形成天然奇景，在西北澳旅行，就像閱讀一本活的史地教室，天天都有不同的驚艷。

自然之窗是必訪景點，從停車場繞一圈大概是1公里的距離，請沿著地面箭頭走，切忌不要離邊緣太近。

卡巴里天空步道（Kalbarri Skywalk），是近年建造在莫奇森河上面100公尺處的兩條天空步道，分別突出峽谷邊緣17公尺與25公尺處，踩在上面望眼景致壯觀，但對有懼高症的人而言真的是心驚膽顫。

▲往自然之窗走去，沿途所經過的風景令人大開眼界。

早午餐 The Pelican Cafe Kalbarri。

下午

前往蒙基米亞途中可停留象岩（Elephant Rock），也是因為風力侵蝕，形成像大象形狀的岩石；第26條平行線（26th Parallel），一條平行於南澳跟北領地之間的界線；在鯊魚灣超市（Shark Bay Supermarket）買些BBQ食材，再繼續前往蒙基米亞渡假村。

BBQ 食材建議清單

牛排、洋蔥、玉米、蘆筍、生菜沙拉、當季水果、啤酒、烤肉醬、吐司或長條麵包、香腸、洋菇、薑汁汽水、奶油、果汁等。

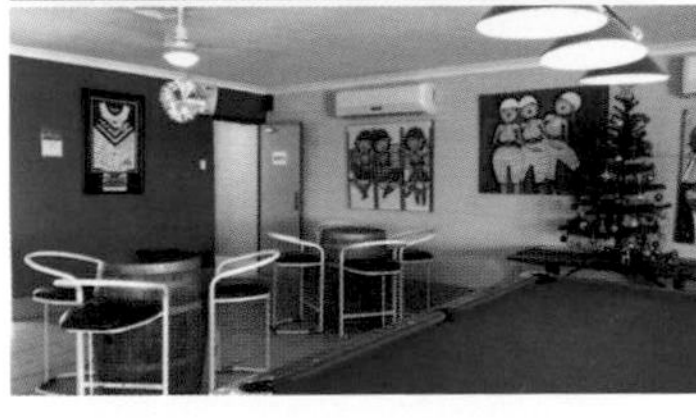

▲往鯊魚灣必經的唯一家公路餐廳。

鯊魚灣（Gutharraguda）

在1991年被列為西澳第一個世界遺產，鯊魚灣在當地原住民語言是兩個男孩的意思，包含Francois Peron國家公園與德克哈托格島，這裡可以看到海豚、海龜、魟魚還有美人魚之稱的儒艮，以及潔白無瑕的海灘。

晚餐 Monkey Bar或自行下廚。

夜宿 蒙基米亞度假村（亦可訂有開放式廚房的房型，隔天便能做早餐）。

小提醒

往西北澳開的這條路，沿途沒有紅綠燈，通常是筆直且看不到盡頭的道路，等開到另一頭，又是另一條沒有盡頭的路，而且長的很像，油要加滿，非必要，別在日出、日落或天黑時趕路，容易撞到袋鼠，然後發生車禍！中途如果在同側出現大空地，這是用來停車讓駕駛休息的，千萬別逞強，養足精神再開車。

◀就是一條看不道盡頭的公路，自駕務必要避開日出日落開車，累了就要休息一下。

蒙基米亞海豚度假村（RAC Monkey Mia Dolphin Resort）一日遊

早餐 度假村內享用或自行下廚。

▲蒙基米亞度假村入口處。

全日

㊟ 蒙基米亞海豚度假村

位於世界遺產鯊魚灣之中，Monkey的由來有兩種說法，一是當地馬來西亞珍珠養殖業的寵物（猴子）名稱，另一個則是曾經到訪附近船隻的名稱；至於Mia，在原住民語言中代表「家」的意思。

1 2
3 4

1.蒙基米亞度假村園區游泳池畔。
2.度假村的海邊巧遇野生大嘴鳥。
3.度假村裡的Monkey bar戶外一隅。
4.Boughshed Restaurant是島上主要的餐廳，可享用海陸拼盤、烤雞等大餐。

這是當地唯一的住宿，但提供各種價位的選擇，例如有充電設備的露營車營地、適合一家大小住宿的聯通房、面海或花園景的房型，以及提供背包客住的上下舖；園區內有開放式廚房可供房客使用，也有BBQ烤肉台，共兩間餐廳，分別是Monkey bar提供漢堡比薩等簡餐，另一間叫做Boughshed Restaurant，提供較正式的餐點。

Info. 自費體驗

①. 搭快艇：在鯊魚灣這個巨型生態水族館中，找尋儒艮、鯊魚、海蛇、海豚、綠蠵龜與魔鬼魚的足跡。

相關資訊

②. 獨木舟與浮潛：水上活動設備可以向度假村預約租借；園區內也有游泳池、迷你高爾夫球、兒童遊憩區與戶外巨型西洋棋。

▸ 搭上刺激快艇尋找海底動物。
▾ 蒙基米亞度假村海邊準備中的獨木舟。

遇見海豚！連續50年，野生的印度太平洋瓶鼻海豚會游到度假村的海邊接受志工餵食，這也是唯一可以合法近距離接觸海豚的時刻，其他時間如果沒有距離海豚50公尺以上，可是違法的。每天早上7點45分在海灘外圍甲板集合，志工會先稍作解説，接著走到海邊等海豚游過來，接著志工會挑選幸運遊客親自餵食，每隻海豚只能餵一條魚，避免海豚吃飽，然而喪失自我覓食的能力。這個活動會一直進行到中午，直到沒有海豚出現為止。

人生中看過最美的三次銀河都在澳洲，2018年初我與朋友抵達蒙基米亞度假村的那晚，巧遇月全蝕，你可以想像又圓又大的月亮原本照映在海上，沒多久卻完全消失，躺在沙灘那短短一個多小時，整個大地是被天空上的星星銀河給照亮，那一刻充滿寧靜，過往心靈累積的疲勞好像被洗滌一番，此生難忘。

1 3
2

1+2.每天在海灘外餵食海豚時，是近距離接觸海豚的難得時刻。
3.度假村緊鄰海灘，傍晚時刻在這裡散步，就是浪漫。

午餐 BBQ+啤酒。 **晚餐** Boughshed Restaurant景觀餐廳。

夜宿 蒙基米亞度假村（亦可訂有開放式廚房的房型，隔天便能做早餐）。

Day 05 迷你潟湖（Little Lagoon）➜ 哈姆林池層疊石（Hamalin Pool Stromatolites）➜ 傑爾拉頓（Geraldton）

早餐 度假村內享用或自行下廚。

上午 睡到自然醒或再去看一次海豚。開車續往本日行程，沿途先來到迷你潟湖，一個很平靜的小水池。

◀
左：可以再靠近一點，真的是貝殼喔。
右：因為鮮少的觀光客，這些貝殼才能保持如此完整。

貝殼沙灘

世上唯二，澳洲唯一，綿延70公里長，10公尺深，是由數十億個貝殼所組成的沙灘，就在鯊魚灣路（Shark Bay Road）上，必經的景點，再次證明澳洲這塊古老的大陸，以前是沉在海底下的。

▸再次感受西北澳一望無際的遼闊，令人身心舒暢。

1
2 3

1.通常從微生物或藻類開始增生並聚集石化，最後形成不同樣貌的沉積物，故稱層疊石。
2.解釋如何形成的告示牌。
3.層疊石常見於潟湖或是鹽湖之中。

哈姆林池層疊石

請導航Wooden walkway to observe the Stromatolites，這裡是世上少數可發現層疊石的地方，35億年前還沒有複雜的生物出現前，就已經存在這種微生物，加上這裡年雨量只有200mm，海水鹽分的濃度是一般的兩倍，剛好適合它們生長的環境。

午餐 Billabong Roadhouse，為澳洲內陸有趣的公路休息站。

下午

往傑爾拉頓前進，很喜歡這樣的內陸公路，像回到原始簡單的生活，沿途沒訊號無法滑手機，只能專注眼前風景，或是跟同行夥伴聊天，正當無聊之際，可能還會臨時出現野生動物，這就是西北澳的魅力所在。

▲內陸公路常見的草樹，又稱black boy。

傑爾拉頓

距離柏斯420公里，是西澳非常重要出口礦物的港口，主要景點是位在史考特山的HMAS雪梨二號紀念碑，紀念在二戰喪失性命的645名水手，整體建築分為穹頂、等待的女人（雕像）、碑塔、刻著所有水手姓名的紀念牆、還有永恆的火焰與紀念池。

這個小鎮也是隔天搭乘粉紅湖小飛機最靠近機場的地方，可在網站或KLOOK預訂皆可，務必儘早預約，全程約1小時左右，如果搭乘前幾天有下過雨，粉紅湖的顏色會更美喔。

▲HMAS雪梨二號紀念碑。

相關資訊

小提醒 務必提早預約 Pink Lake Scenic Flyover Tour（全程約 1 小時），請帶太陽眼鏡避免陽光刺眼；搭乘當天建議不要吃早餐，小飛機容易暈。

晚餐 Old Man & the Sea Rooftop Bar，一家在屋頂上的酒吧餐廳。

夜宿 傑爾拉頓小鎮。

Day 06

傑爾拉頓 ➜ 賽凡提斯（Cervantes）➜ 南邦國家公園（Nambung National Park）

早餐 建議先別吃，因為要搭小飛機看粉紅湖，容易暈機。

☝ 小提醒

建議預約上午的班次，需提前 45 分鐘報到，結束後再吃午餐。

▲開心與帥氣的機組人員合照。

▲當飛機往空中升起，再次讚嘆這塊大陸的廣闊。

上午

赫特潟湖（Hutt Lagoon）

西澳著名的粉紅湖之一，由於氣候炎熱加上高濃度的鹽水，使得原本生長在此的藻類，開始產生紅色的β-胡蘿蔔素，在不同的雨量條件下，形成紅、粉紅或紫的湖泊顏色，與一旁白色鹽湖在陽光照映下，就像是上帝創作的調色盤或粉底盒，隨著飛機緩緩升空，可以看到遠方浩瀚的印度洋跟遼闊的澳洲內陸風光。

●覺得像調色盤還是化妝用的粉餅盒？

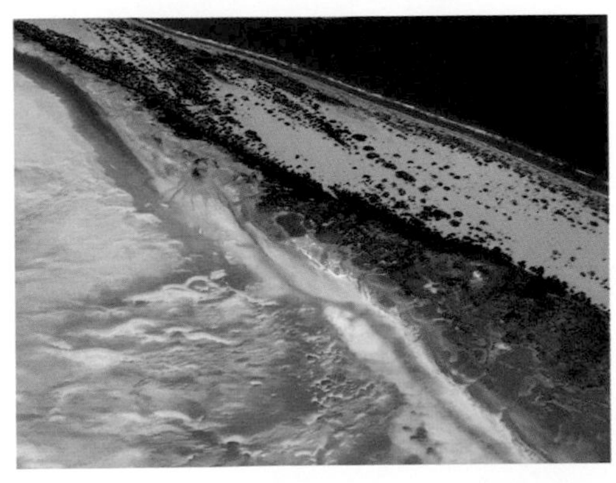

▲印度洋、荒漠、淡粉色的湖水，交織成一幅最自然的美景。

午餐 Cafe Fleur或Quiet Life Coffee。

下午 往賽凡提斯前進，如果走印度洋海線（Indian Ocean Drive），沿途可停Leeman小鎮，旁邊有一大片的白色鹽湖；或停靠Green Head的Dynamite Bay，稍作休息。

賽凡提斯

一個以龍蝦捕撈為主的小鎮，鎮上也有間可參觀的龍蝦工廠（Lobster Shack），觀光客居多，建議可到鎮上其他餐館吃龍蝦。

▲來到賽凡提斯，別錯過參觀龍蝦工廠。

尖峰石陣（Pinnacles Desert Discovery Centre）

位於南邦國家公園內，在荒漠內出現一大片的奇岩巨石，這是種叫做塔瑪拉（Tamala）的石灰岩，分布在北邊鯊魚灣直到南部阿伯尼小鎮，主要是由石英砂與風化後的貝殼碎片組成，長年風吹雨淋的情況下，形成平均高度1到3公尺的單一柱體，又有沙漠墓碑的美稱，距離賽凡提斯小鎮約20分鐘車程，建議日落前半小時到，這是最佳的欣賞時刻。

▲黃昏時刻夕陽染紅尖峰石陣，不禁讚嘆大自然的美麗！

小提醒

勿碰觸這些岩石或倚靠著拍照，可能斷裂而造成人為受傷；若開小型房車，應該可以開進去，按照地面設計的路線，繞一圈邊走邊停拍照。

▲擁有數以千計的古老石柱聞名，獨特的尖峰石陣，令人感受大自然的力量。

晚餐 Sea Breeze Cafe，附近就是龍蝦工廠，來這裡必點Whole Crayfish（整隻西岩龍蝦）配啤酒。

▶在賽凡提斯小鎮的餐廳Sea Breeze Café，大啖西岩龍蝦大餐。

夜宿 賽凡提斯小鎮（預訂有廚房的住宿，隔天便能做早餐）。

賽凡提斯 ➜ Guilderton ➜ 楊契國家公園（Yanchep Koala Boardwalk）➜ 伯斯

早餐 自行下廚。

> 小提醒
> 走西北澳行程，車上可以隨時帶些吐司、果醬或麥片，通常住宿的旅館都會提供免費的咖啡、茶包或小鋁箔包的保久乳，一來省錢，二來這裡吃的選擇不多。

上午

▲左：天然形成的沙洲，有時會看到很多海鷗。 右：莫爾河河口露營野餐的當地人。

莫爾河河口（Moore River Estuary）

位於Guilderton小鎮，車子停在停車場後，往山丘上的涼亭走，可以看到河與海之間的小沙灘，會根據雨水多寡，形成不同寬度的景象，相當特別。

楊契國家公園

在國家公園設立的無尾熊木板路，尋找躲在尤加利葉樹上的可愛無尾熊。

▸因為尤加利葉的毒素，無尾熊每天會睡十幾個小時。

午餐

Hungry Jack's Burgers Jindalee，澳洲版的漢堡王，有吃牛肉的可以選雙層起司華堡。餐後到附近的超市Coles Brighton，採買野餐食材。

野餐食材推薦清單

生菜沙拉、當季水果、杏桃乾、堅果、蛋糕、洋芋片、起司、餅乾、優格、果汁汽水等。

下午

國王公園（king's Park）

距離市中心約15分鐘車程，占地40.6公頃，種植西澳三分之二以上的植物種類，可以同時看到伯斯天際線與天鵝河的景觀，這裡更是當地人週末野餐與情侶約會的好去處。建議把車停在旅遊服務中心，再往下走到兩側都是尤加利葉樹的大草地，發呆、野餐等待夕陽。

1 2 3 1.國王公園裡擁有多樣的花草植物。
2.國王公園裡青翠大草地上，不論是曬太陽，或是野餐都很棒。
3.在兩旁盡是巨大尤加利葉樹下散步，舒暢極了。

晚餐

順德燒臘海鮮酒家Hong Kong BBQ House，是目前我在伯斯吃過最好吃的中式料理，炒飯和燒臘必點。

夜宿

推薦位在伯斯賭場的Crown Tower五星級酒店，房內有一大片落地窗，可以欣賞窗外風景，如果預算充足，建議指定面柏斯市區的房型。

▸窗外望去就是伯斯的天際線。

伯斯 ➜ Caversham Wildlife Park 野生動物園 ➜ 天鵝河谷（Swan Valley）➜ 伯斯

早餐 飯店內用。

上午 睡到自然醒或一早衝動物園抽無尾熊合照的號碼牌（數量有限）。

Caversham野生動物園

距離市區約半小時車程，如果要抱無尾熊拍照，園區內可以近距離餵袋鼠、和袋熊合照，以及欣賞有趣的爬蟲類動物、長得像鴕鳥的鴯鶓、小水池出現的鵜鶘與黑天鵝、西澳特有的短尾矮袋鼠（Quokka），還有剪羊毛秀、甩皮鞭、狗趕羊等農莊常見的表演活動，詳洽園區時刻表。

1 2 3 1.可愛的袋鼠寶寶。
2.Caversham野生動物園裡的袋貂（Possum），看起來是不是很古錐。
3.在野生動物園也有西澳常見的Galah鸚鵡。

午餐

funk cider house，位在天鵝河谷的蘋果酒廠，推薦比薩和大份量的肉類分享餐mega-meat board。

下午

天鵝河谷酒莊品酒

這裡是西澳僅次瑪格麗特河（Margaret River），非常重要的葡萄酒產區。推薦當地最古老的山度富酒莊（Sandalford Wines）或是戶外不定時有live band的曼頓酒莊（Mandoon Estate）。

▲夏日的午後，在葡萄藤下用餐，這是專屬西澳人的浪漫情趣。
◀▼在酒莊除了品酒外，還有可口的澳洲肺魚（Barramundi）美食可享用。

伯斯

西澳首府也是澳洲第四大城，曾獲選世界宜居城市，又有天鵝之城的美稱，由James Stirling在1829年建城，「因礦致富」這四個字用來形容這座城市再適合也不過。中央商業區（Central Business District）有不少新興的高樓大廈和五星級酒店，大多接待商務客為主，由Hay street、William street、Murray street及Barrack street所圍繞的長方形區域，就是最熱鬧的逛街購物步行區，當中最具特色的倫敦閣，是在西澳發現黃金後，仿造英國都鐸時期所蓋的一條長達100多公尺的購物長廊，走在其中，彷彿置身在哈利波特世界的錯覺。

▲伯斯市區，一早騎單車運動的人們。
▶充滿英倫風味的倫敦閣長廊。

㊉ 天鵝鐘塔（The Bell Tower）

▲天鵝鐘塔可說是伯斯的地標。

斥資550萬澳幣，千禧年蓋的地標，外型酷似天鵝的頸部與翅膀，故以天鵝鐘塔命名，不過當地人覺得這是項浪費公帑的建築。塔內有18個來自英國鑄造的鐘，其中12個是在1988年紀念英國殖民澳洲200周年，贈送給西澳政府的禮物，須購買門票才能入內參觀。

㊉ 伊莉莎白碼頭（Elizabeth Quay）

紀念2012年伊莉莎白二世登基60周年所建，於2016年正式對外開放，有頗具特色的裝置藝術還有供單車與人行走的步行橋，附近的Langley公園是夏天（2～3月）舉辦柏斯藝術節的場地之一。

▸西澳主要的商業大樓都聚集在此。

㊉ Watertown Brand Outlet Centre

當地的outlet，每次去人潮都很少，大概是因為當地人對於物質的慾望比較低吧?球鞋、行李箱和刀叉餐具組常常特價，有興趣可以逛逛。

晚餐 SUP SO GOOD，想吃熱騰騰的湯麵，在北橋區有不少越南河粉都不錯吃。

夜宿 推薦伯斯的Crown Tower五星級旅館，房內有一大片落地窗，可以欣賞窗外風景，如果預算充足，建議指定面伯斯市區的房型。

伯斯 ➜ 科斯洛海灘（Cottesloe Beach）➜ 佛里曼特（Fremantle）➜ 南柏斯（South Perth）

早餐　飯店內用。

上午　睡到自然醒，然後出發到科斯洛海灘，在印度洋游泳。

●面臨印度洋的科斯洛海灘。

午餐

靠近碼頭的Kailis Fishmarket Café，推薦海鮮濃湯和海鮮拼盤；或是小天使酒廠（Little Creatures Brewery），由舊倉庫改建，現場氣氛很棒，推薦薯條、淡菜與油煎肺魚。

1 2
3

1.港口碼頭必吃海鮮拼盤。
2.港口碼頭必吃海鮮濃湯配啤酒。
3.充滿歡樂的小天使啤酒廠。

▲昔日佛里曼特裝置藝術街景。

㊅ 佛里曼特

這裡是天鵝河的出海口，也是伯斯殖民前最先抵達的小鎮，保存西澳最完整的維多利亞式建築，二戰時更是世界最大的潛水艇基地，因為1987年在此舉辦美洲盃帆船比賽，所以興建不少餐廳旅館與酒吧，現在則是當地人週末最佳的好去處。

㊅ 週末市集

每週五、六、日早上9點到下午6營業，始於1897年，有上百個室內攤位，總共分為特色紀念品、美食廣場與蔬果農產品三大區，當地的精油和手工香皂是我的最愛，戶外不定時會有街頭藝人表演。如果逛累了，在卡布奇諾大道上找家咖啡館，點杯flat white，曬曬太陽，享受優閒的午後時光。

1 3 4
2

1.佛里曼特百年週末市集。
2.販賣時令蔬果的攤位。
3.市集裡必喝的草藥蔬果茶。
4.可愛的佩佩豬造型杯子蛋糕。

圓屋監獄

1830年代運送罪犯到西澳開墾時，花了18個月興建的監獄。只有8間牢房與1個看守所，下方通往海邊隧道是過去捕鯨業者上岸進城市區的通道。

回程時，傍晚時刻，可以再停一次科斯洛海灘，欣賞印度洋的落日，畢竟這裡是西澳，也是落日的方向。

▲
左：圓屋監獄開放時間為早上10點半到下午3點半。
右：現場有提供裝扮成犯人的道具。

晚餐

Ciao Italia是位在南伯斯滿有氣氛的義式餐館。推薦燉飯（Risotto）、千層麵（Lasagna）、白醬培根義大利麵（Carbonara）還有提拉米蘇。

飯後到南伯斯碼頭走走，這裡也是當地夜景非常棒的地方，最後就準備前往機場，結束這趟西北澳之旅。

旅程設計理念－西南澳

➜➜

從伯斯出發，離島一日遊後，開始開往南部，再往東邊最遠到埃斯佩蘭斯（Esperance）以及粉紅湖，最後沿著波浪岩（Wave Rock）回到伯斯。

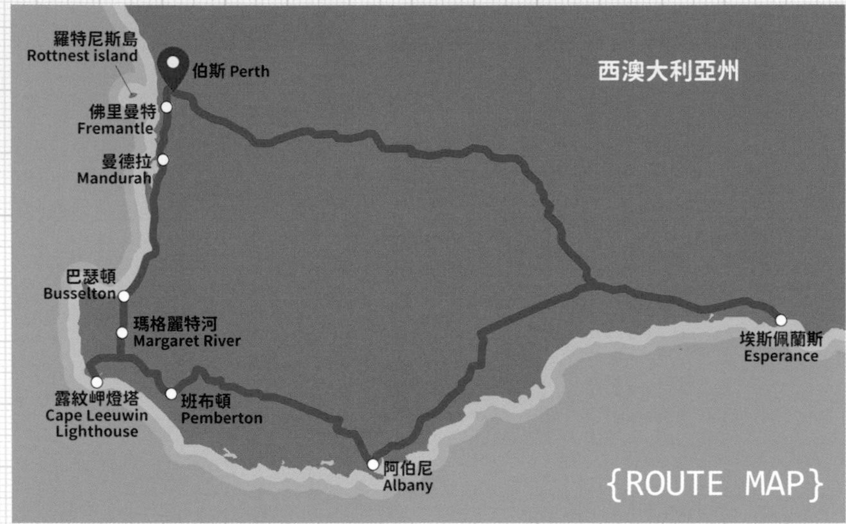

▲西南澳運河岩。

▲隨處可見海天一線的風光。

▲天鵝河畔的日落。

西南澳行程簡表（適合季節：春、夏、秋）

D1
羅特尼斯島
與 Qoukka 自拍

→

D2
捉西岩龍蝦
運河看海豚
尋找巨人

→

D3
巴瑟頓
長堤小火車
瑪格麗特河

↓

D4
酒莊品酒
寶石鐘乳石洞
× 露紋岬燈塔

←

D5
凱利谷度假村
火警樹 ×
空中步道

←

D6
阿伯尼一日遊

↓

D7
走訪精采內陸
幸運灣尋找袋鼠

→

D8
直升機 ×
粉紅湖

→

D9
地質奇景
波浪岩

↓

D10
Fremantle
週末市集
伯斯市區觀光

▸粉紅鳳頭鸚鵡（Galah）是澳洲最常見的鸚鵡之一。

Day 01 伯斯 ➜ 羅特尼斯快艇 ➜ 羅特尼斯島（Rottnest island）➜ 伯斯

機場取預先租好的車，建議申辦Telstra電信公司的SIM卡，在內陸的訊號會比較好。

早餐 寄放行李後，到碼頭邊的Riverside Cafe, Bar and Restaurant吃早餐，直接搭羅特尼斯快艇前往羅特尼斯島。

羅特尼斯島一日遊

▲
左：居住在羅特尼斯島上的可愛短尾矮袋鼠。
右：連網球天王費德勒都和Quokka自拍過呢！

位在伯斯外海19公里處，可以從伯斯、佛里曼特或蘇連多（Sorrento）碼頭搭船前往，約40～60分鐘車程，最早是由荷蘭人發現，因為看到很多長得像老鼠的動物，故命名為Rottnest island（rat nest老鼠窩），實際上這是袋鼠的一種，叫做短尾矮袋鼠（Quokka），全澳洲就只有西南澳和羅特尼斯島才有，通常在黃昏時，碼頭附近會看到一群野生的Quokka出來活動。

小提醒 只能和 Quokka 拍照，禁止餵食或碰觸，否則會有高額罰款。

（建議行程）

①. **騎單車加浮潛：**

環島一圈大概20幾公里，有超過60個海灘與20個港灣，建議預留整天時間騎單車，因為整座島被珊瑚礁圍繞，海底下有海草，在陽光照耀下，美得令人屏息。

▸羅特尼斯島騎單車環島。

▲因為海平面下的海草，造就今天這片海域的顏色有如此多種的藍與綠交疊。

②. 參加套裝行程：

抵達小島後，先到火車站集合，搭火車去參觀由軍營改建而成的青年旅館跟地下碉堡，接著在車上享用簡餐，下午搭電動巴士環島一圈，可以看到度假遊艇、紐西蘭毛海狗與綠松石色的絕美海景。

▶島上可愛的Quokka電動巴士。

午餐 事先在伯斯買個三明治在島上吃。

回程下船後，可在碼頭周圍逛逛。

㊟ 天鵝鐘塔（The Bell Tower）

以西澳的州鳥「黑天鵝」命名，是2000年（千禧年）在市區蓋的新地標，最美的時刻是黃昏，沿著一旁的步道，看著夕陽慢慢在天鵝河的海平面落下，有時可以看見野生的紛紅鳳頭鸚鵡（galah），相當夢幻。

◂
左：天鵝鐘塔的夜景。
右：澳洲國慶日，天鵝鐘塔附近很多人在草地上野餐、看夕陽等晚上的煙火表演，還有不少販賣食物的攤販。

㊟ 伊莉莎白碼頭

紀念伊莉莎白二世登基60周年所建，在2016年對外開放，在此可看到伯斯市區一棟棟的高樓建築，大多都是礦業公司為主，鄰近還有不少酒吧咖啡館，這裡也是當地人周末聚集小酌的好去處。

▲這大概是全西澳，夜間最閃亮的城市。

晚餐 Durty Nelly's Irish Pub，復古風的愛爾蘭酒吧餐館，不定時推出每日優惠餐。

夜宿 伯斯市區。

伯斯 ➜ 曼德拉（Mandurah）➜ 巴瑟頓（Busselton）

早餐 飯店內用。

上午

相關資訊

⊕ 曼德拉

西澳第二大城，距離伯斯南邊70公里處，Mandurah在原住民語是meeting place（聚集地）的意思。當地政府斥資5000萬澳幣，在不破壞海豚原本的棲息地，挖掘人工運河，可以從事釣魚或搭遊艇等戶外活動，因此吸引不少伯斯退休人士前往居住。建議行程，搭抓龍蝦船，上船出海捕捉西澳特有的西岩龍蝦，全程3小時，還有機會在運河看到海豚。

▸
上：這裡也是伯斯許多退休人士居住的地區。
下：房子的前方是碼頭，後面是馬路，又稱雙馬房。

午餐 船上享用精緻7道式料理，包含當天捕撈的龍蝦。

下午 尋找鎮上的這幾尊巨人Giants of Mandurah、Giants of Mandurah（Santi Ikto）與Giants of Mandurah（Seba's Song）拍照，然後繼續往南移動；如果遇到超市，可以順便買些乾糧水果在車上吃。

晚餐 Hungry Jack's Burgers Busselton，澳洲版的漢堡王，有吃牛肉的可以嚐嚐雙層起司華堡。

夜宿 巴瑟頓小鎮（可預訂有廚房的住宿）。

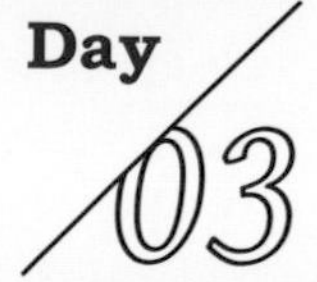

Day 03 巴瑟頓長堤（Busselton Jetty）➜ 卡威溫密（Cowaramup）➜ 瑪格麗特河（Margaret River）

●印度洋上的長堤小火車。

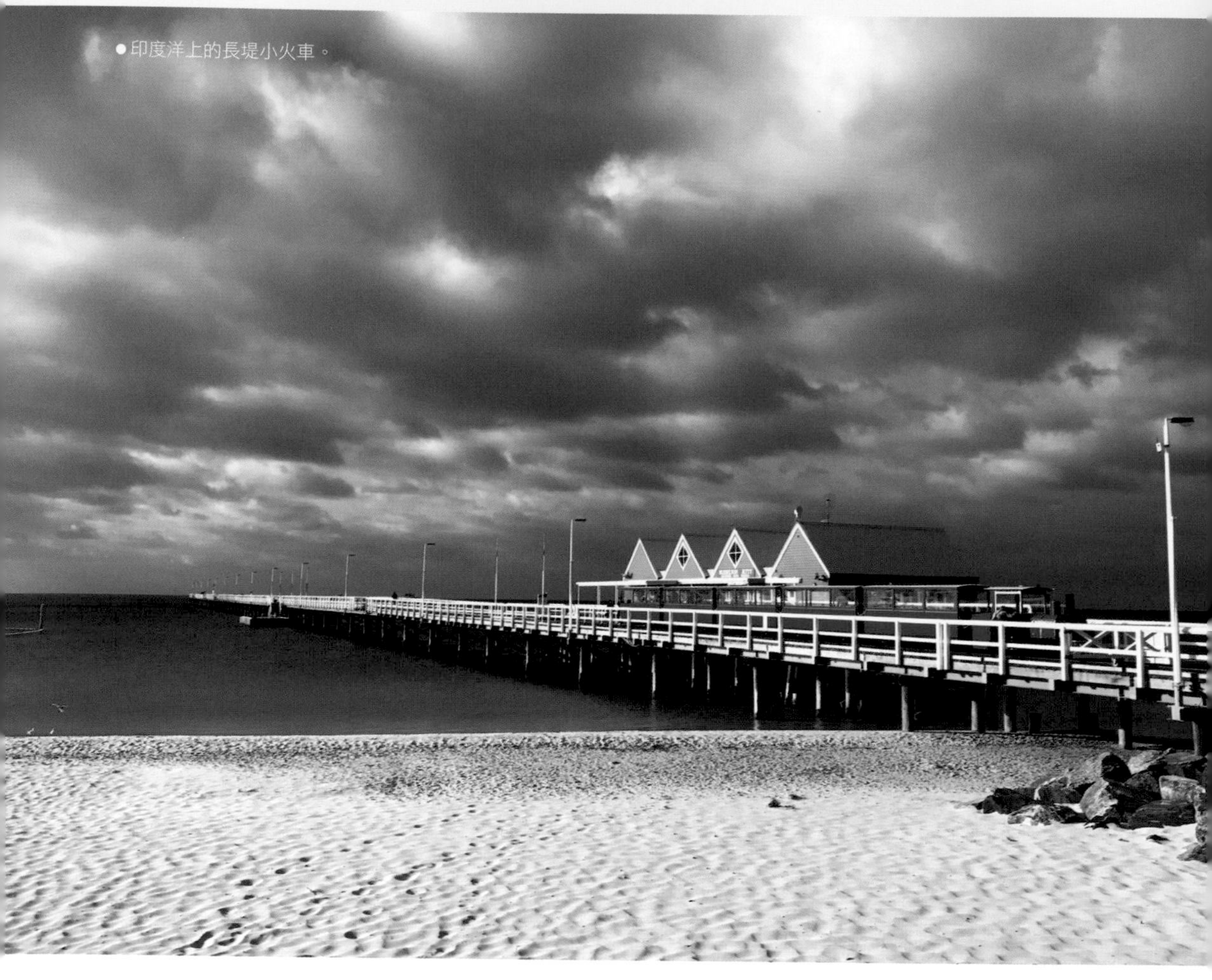

早餐 自行下廚或旅館內用。

上午

⊕ 巴瑟頓長堤

　　南半球最長的木造長堤，過去是用來運輸木材、鯨魚油與農產品出口。自從被佛里曼特港口取代後，原本計畫拆除，在當地人自發性募款與政府出資協助下，花了2700萬澳幣重新整修，火車行駛在長達1.8公里的印度洋上，兩側有不少當地人在游泳釣魚和潛水，當終點站一到，還有個在海底深處8公尺的水族館，人造珊瑚、熱帶魚、海龜、海星、藤壺與海草等等。如果有看過宮崎駿的《神隱少女》，無臉男搭乘海上小火車尋找錢婆婆，就是來自這裡的靈感。

左：行駛在木造長堤上的紅色小火車。
右：搭小火車到棧橋盡頭，到「水下觀察站」（Underwater Observatory）參觀海底水族館。

Info. 門票有主要分進入長堤、搭小火車以及參觀海底水族館三種，建議選擇全包，去程搭火車參觀水族館加導覽，再用走路的方式回碼頭，總共需要2小時左右。

運河岩（Canal Rock）

因為海水侵蝕加上長年風化，長相極似「運河」的岩石區，故取其名，美的是一旁清澈見底的碧綠色海水，在陽光照映下，極度夢幻，我覺得不輸給馬爾地夫，有時會看到當地人就直接跳進海裡游泳，真是令人羨慕。

●當地人最愛的私房景點——運河岩。

午餐 Beerfarm，穀倉改建的酒吧餐廳，點些不同的食物配啤酒食物吃，很有Aussie 風格的用餐環境。

下午

瑪格麗特河

世界級的衝浪地點，也是西澳非常重要的葡萄酒產區，一二次世界大戰過後，有不少東歐人移民到這裡，也帶來了種植葡萄酒的技術，緯度與法國波爾多相近，同屬於地中海型氣候，這裡生產的葡萄酒量少質精，來到這裡就是要盡情地品嘗當地葡萄酒及農產品。

▲瑪格麗特河是西澳著名的葡萄酒產區，傑出的葡萄酒莊不少，生產一流葡萄酒。

卡威溫密

過去以酪農業維生的小鎮，隨處可見牛的雕像，這區也有不少葡萄園與酒莊，愛吃巧克力的話，附近的The Margaret River Chocolate Company提供非常多口味的選擇。

左：卡威溫密乳牛小鎮。
右：卡威溫密小鎮紀念品店，玩具、俄羅斯娃娃很吸引人。

 # Margaret River Mouth Viewpoint：瑪格麗特河的出海口，似有似無的小沙洲，會根據雨量多寡而有變化，這就是大自然神奇的地方。

晚餐 The Sea Garden Cafe，這是個喝咖啡看海的地方，晚上來更有氣氛，推薦羊肉漢堡和牛排三明治。

夜宿 瑪格麗特河小鎮。

Day 04 瑪格麗特河 ➔ 寶石鐘乳石洞（Jewel Cave）➔ 露紋岬燈塔（Cape Leeuwin Lighthouse）

早餐 White Elephant Café，當地的網紅咖啡館。

上午

如果對葡萄酒有興趣，這區的紅白酒品質還不錯，但因為產量不多，所以外銷少，推薦仙娜度酒莊（Xanadu Wines）、航海家酒莊（Voyager Estate）和露紋酒莊（Leeuwin Estate），在當地規模較大且評價都不錯，至於好不好喝，就見仁見智，畢竟喝酒是很主觀的。像露紋酒莊他們有幾個系列的葡萄酒是用原住民的繪畫製成的酒標，倒是滿值得收藏。

除了葡萄酒，澳洲人也愛喝啤酒，這幾年開始喜歡小眾市場且量少的精釀啤酒，這裡也有不少選擇，例如Black Brewing Co或CBCo Brewing。

如果喜歡喝咖啡，鎮上的Drift Cafe Margaret River，每天只營業6小時，每次經過外面總是大排長龍，如果有機會去喝，再跟我分享一下心得；鎮上有家專門生產天然手工香皂的小店Vasse Virgin，還有身體乳液、洗面乳……有興趣也可以去逛逛。

1 2 3

1.露紋酒莊展示藝術酒標系列的畫廊。
2.來酒莊當然要品酒。
3.超推Vasse Virgin的手工香皂。

◀ 左：露紋酒莊餐廳有室內和戶外用餐環境。
右：在酒莊餐廳午餐，菜色精緻而美味。

午餐 在酒莊或啤酒廠內享用；Pies & Ale是藏身於公路旁的美味肉派餐廳。

下午

寶石鐘乳石洞

澳洲這塊古老大陸，地底下蘊藏著不少奇珍異寶，西南澳有著上百座天然鐘乳石洞，目前只有少數幾個開放，當中最值得參觀的就是寶石鐘乳石洞，蘊藏在凱莉樹森林的地底下，42公尺深，全長約1.9公里，裡面保存的相當完善，步道設計安全，加上專業工作人員全程導覽，洞內有全世界最長580公分的試管鐘乳石，在澳洲已經絕種的袋狼化石足跡，還有長的像蠟燭、珊瑚礁、花椰菜、駱駝等形狀的鐘乳石，導覽人員不時會把燈光調成其他顏色，照射在其中，就像閃閃發光的寶石。

▲由下往上生長的是石筍，由上往下生長的是鐘乳石，連在一起後叫做石柱，眼前所見都需要上萬年的時間才能形成。

▲燈塔的背後就是印度洋與南冰洋的交匯處。

㊉ 露紋岬燈塔

位在澳洲的西南角，也是印度洋與南冰洋的交界處，高度39公尺，燈光照射強度相當於100萬根燭光，照射距離相當於26海浬，過去需要人工去啟動照明設備，現在全面自動化，整個園區可以看到過去駐守在這裡工作人員的小房屋。

㊉ 凱莉谷度假村（RAC Karri Valley Resort）

▲具有舒適空間的大廳。

如果用森林裡的涵碧樓來形容，或許有點言之過甚，但我非常喜歡這裡一間間面湖的小木屋，當車子駛進度假村內，迎面而來的是野生袋鼠，因為沒有光害，夜晚星空更是迷人。自從被RAC（西澳皇家汽車俱樂部）收購後，重新裝潢大廳櫃台和餐廳，多了點時尚與新穎的美感；清晨在湖面上的氤氳，彷彿置身在仙境之中，房間陽台上放點穀物飼料，還會有野生鸚鵡飛來覓食的驚喜。

▲
左：度假村內也提供獨棟的小木屋選擇，通常裡面備有簡易廚房設備。
右：被凱莉樹圍繞的湖面，清晨竟是如此的夢幻。

晚餐 旅館內享用，餐廳可以看到外面湖景，氣氛不錯且相當寧靜的旅店。

夜宿 凱莉谷度假村，面湖房間數很少，建議提早預訂。

凱莉谷度假村 ➜ 班布頓（Pemberton）➜ 空中樹頂步道（Valley of the Giants Tree Top Walk）➜ 丹麥谷（Denmark）➜ 阿伯尼（Albany）

早餐 旅館內用。

上午

㊉ Beedelup Loop Walk

沿著度假村內的環湖步道，走一圈約1小時，可以看到Beedelup瀑布，雖然只是條涓細的小水流，對於缺水的西澳，已經是瀑布等級，沿途有不少小心有蛇的告示牌，建議穿長褲與包鞋，帶個登山杖。

▲環湖步道一景。

▲有懼高症的千萬不要爬。

㊉ 班布頓

伐木業興起的小鎮，在原住民語當中，Pemberton是「很多水源的意思」，這區域森林密布，主要樹種是容易發生火災的凱莉樹，當地人為了預防，所以設置三座可以爬上去的樹，分別是58公尺高的格洛斯特樹（Gloucester Tree）、65公尺高的鑽石樹（Diamond Tree）和75公尺高的戴夫．埃文斯200年紀念樹（the Dave Evans Bicentennial Tree），既然來了，就選一棵爬看看，有懼高症的我也爬過一次，當時嚇到滿身汗，腿是真的軟了。

午餐 Jaspers Pemberton，推薦羊排和菲力牛排。松露（truffle）與淡水藍螯蝦（Marron）都是產自於西南澳，如果在餐廳菜單有出現，務必要點來品嘗。

下午

㊉ 空中樹頂步道

一條建在汀格樹森林裡的空中走廊，樹齡超過三、四百年，步道全長600公尺，設計初衷是要讓遊

▸規劃完善安全的步道。

客的視野最大化，但是環境衝擊最小化，因為這種樹的根部相當脆弱，如果被腳踩容易枯萎死亡，繞完一圈後，別忘了拜訪紀念品店後面的「古代的帝國」在這兒可以更近距離靠近汀格樹，甚至還可以從中間空心的樹幹穿越，記得找找看最有名的Grandmother在哪裡喔！

▲來找看看長得像老奶奶的汀格樹吧。

◀從高空的步道往下看，別有一番滋味。

㊟ **Bartholomews Meadery**：採用當地的野花與尤加利樹種製成的蜂蜜，記得品嘗蜂蜜口味的冰淇淋跟蜂蜜酒；Ducketts Mill Wines & Denmark Farmhouse Cheese，獲獎無數的手工起司專賣店，還有不少白葡萄酒可以挑選，越往西南澳，天氣越涼爽，也比較適合種植白葡萄品種。

㊟ **丹麥谷**：早期是以筏木業和畜牧業為主的小鎮，後來在二次世界大戰時，因為美軍週末會來此度假，所以開始發展觀光業，近期還有葡萄酒產業的加入，是前往阿伯尼必經的小鎮，市中心有丹麥谷河流經，風景優美。

晚餐 Chanya Thai 泰式料理或Sia's Kitchen中式料理。

夜宿 阿伯尼鎮上。

Day 06 阿伯尼 ➜ 波龍古魯普國家公園(Porongurup National Park) ➜ 杰拉蒙格普(Jerramungup)

早餐 Gourmandise & Co，從裝潢到料理，很有法式鄉村風味的咖啡館。

上午

鯨魚世界(Albany's Historic Whaling Station)

全世界最大的露天鯨魚博物館，相當具有歷史教育意義，過去是處置鯨魚的工作站，成立於1950年代，直到1978年才停止使用。園區入口處有艘來自北歐的捕鯨船，還有三個過去用來提煉鯨魚油的大桶子(現在已改裝成播放生態教育的影片)，往裡面走，有當時處理鯨魚的工作檯與歷史照片，最值得一看的就是全世界最大的品種，藍鯨的化石館。

▲左：昔日的捕鯨站。 右：園區內的鯨魚化石。

The Gap

位在Torndirrup國家公園內，佇立在南冰洋上的花崗岩，經年累月被風吹日曬雨淋，形成的特殊奇景，這個景觀台是在2017年才蓋好，站在上面距離海上37公尺高度，有點刺激，看著海浪不停地往岩石沖打，形成的泡沫海，很壯觀。

◀ ▶ 站在景觀台往下看，還真的有點刺激。

風力發電廠（Albany Wind Farm）

總共有18座渦輪，提供鎮上約80%用電，爬到發電廠的山丘俯瞰阿伯尼，有種身處在《阿凡達》電影世界裡的奇幻之感。

▸負責供應阿伯尼的用電。

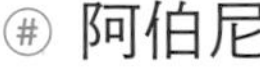

阿伯尼

▴阿伯尼鎮上一隅。

在1826年英國殖民西澳最先抵達的城鎮，當時是非常重要的深水港，直到1897年佛里曼特開港後，阿伯尼才被取代，過去這裡是繁忙的捕鯨站，現在則是運送小麥與冷凍牛肉出口的必經之地，市區的約克街依山傍港，家家戶戶的庭院種植花花草草，頗有傳統的英式特色。

午餐 Don Japanese Fusion日式料理。

下午

◂從高處俯瞰市區景致。

克勞倫山（Mount Clarence）

從市區約15分鐘車程即可抵達，俯瞰皇家公主港與國王喬治灣的最佳地點，山上還有設立用來紀念世界大戰犧牲者的紀念碑。

The Donut Man：深受當地人喜愛的餐車，專賣甜甜圈和熱狗。

> **小提醒**
> 可在超市採買當天晚餐與隔天早餐等食材，加滿油，再出發波龍古魯普國家公園。

Granite Skywalk, Castle Rock：坐落於波龍古魯普國家公園，距離阿伯尼約半小時車程，這是一條蓋在城堡岩外圍的空中步道，需要一點體力爬上爬下的景點，來回約4公里，建議穿包鞋，門票每台車澳幣15元。

晚餐 自行下廚。

夜宿 杰拉蒙格普小鎮（預訂有廚房的住宿，隔天便可動手做早晚餐）。

Day 07 杰拉蒙格普 ➜ 公共筒倉藝術之路（PUBLIC Silo Trail: Ravensthorpe Silo Art）➜ 埃斯佩蘭斯（Esperance）

早餐 自行下廚。

上午

▲在混凝土圓筒型穀倉外牆繪上巨型壁畫，帶來視覺大震撼！

公共筒倉藝術之路

▲宛如戶外畫廊的獨特筒倉藝術之路，在西澳大利亞州的稱為「公共筒倉小道」（Public Silo Trail）。

前後花了3年時間規劃，直到2018年完成，將當地的人文故事或動植物，繪畫在儲存小麥的筒倉外，讓單調的內陸風光，增添更多不同的色彩與驚喜，分別在西澳內陸的Northam、Ravensthorpe、Merredin、Albany、Newdegate及Pingrup等小鎮都有創作。

兔子圍籬（Rabbit Proof Fence）

過去兔子被歐洲人引進東澳後，氾濫成災，正當牠們準備往西移動時，西澳人建了一條長達數千公里的圍籬，結果還是失敗，開車經過時，不妨停下來瞧瞧。

繼續往埃斯佩蘭斯行駛，沿途會經過不少礦區和加工廠，這些都是西澳非常重要的經濟來源之一，目前礦業應該是澳洲排名非常高的薪資工作，但要背負一定的心理與生理壓力。

午餐 Bistro Louis，一家充滿濃厚法式風味的咖啡館。

下午

先去幸運灣釀酒廠（Lucky Bay Brewing）喝杯啤酒，再到Lucky Bay好好發呆一整個午後，請小心可能有袋鼠出沒。這裡堪稱是全澳洲最美的海灘，一大片美麗白色的海灘，跟湛藍清澈見底的海水，只能用人間仙境，美得不像話來形容。

晚餐 超市採買食材BBQ。

夜宿 埃斯佩蘭斯鎮上（預訂有廚房的住宿）。

Day 08 埃斯佩蘭斯 ➜ 海登（Hyden）

早餐 自行下廚。

上午 西澳有兩個可以看粉紅湖的地方，一個在西北澳往卡巴里國家公園的路上，另一個就是在這裡，叫做Lake Hillier，西北澳的像調色盤，每格都是漸層的粉色，背景是荒漠的內陸，至於Lake Hillier則是散佈在好幾個區域，附近是國家公園的森林，整體的顏色較多樣，至於哪一個好看？我覺得搭飛機是最佳的觀賞方式，費用雖不便宜，但相當值得。

◀ 雪梨飛伯斯，空中看到西南澳的粉紅湖。

小飛機資訊

午餐 麥當勞或subway。

下午 最晚1點出發，油加滿，買些晚餐食材，往波浪岩小鎮Hyden前進（約400公里）；路途中，如果有看到一大片白色乾涸的湖泊，不妨停下車，嘗嘗看，這是西澳特有的鹽湖景觀，當地也出口鹽巴到世界各地銷售。

1 2
3 4

1.在枯燥乏味的內陸公路，開車常常容易打瞌睡，幽默的澳洲人就在馬路邊放上「小心裸體者經過」看到的司機應該就會馬上眼睛為之一亮吧！

2.廣大乾涸的鹽湖是西澳特有的，我們的腳底下都是鹽湖。

3+4.司機很貼心，專程停下車解說有袋鼠出沒的足跡，還有抓蜥蜴給大家看。

晚餐 建議煮義大利麵，麵條用冷水開始煮，加點鹽巴，買事先調好的白醬或紅醬拌勻即可。

夜宿 海登小鎮（預訂有廚房的住宿）。

Day 09 海登➜科里金（Corrigin）➜伯斯

早餐 自行下廚。

上午

海登

距離伯斯東南邊292公里，過去幾千年來是原住民Njakinjaki的居住地，隨著鐵路的興建，1920年代開始發展農業與畜牧業，這幾年因為波浪岩（Wave Rock）聲名大噪後，才吸引不少觀光客前往。

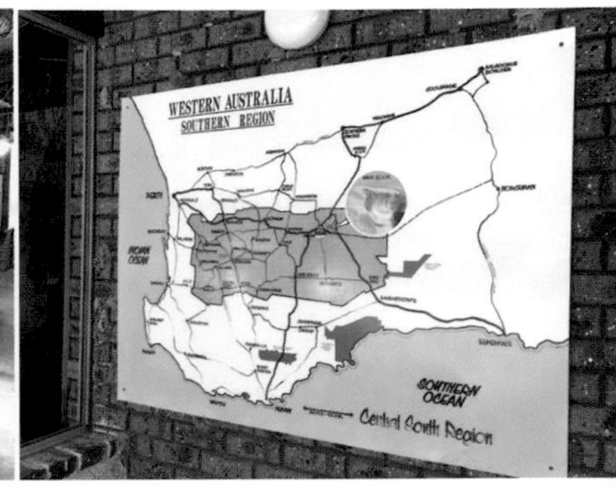

▲
左：海登小鎮有趣餐廳和紀念品店。
右：大西南澳的地圖，記得拍張照，終於完成這趟旅程。

河馬岩（Hippo's Yawn）

外觀酷似河馬打哈欠的岩石，因而命名之。可以從鄰近的小徑走路到波浪岩，約莫10～15分鐘。

◂ 河馬在哪？請發揮一下想像力。

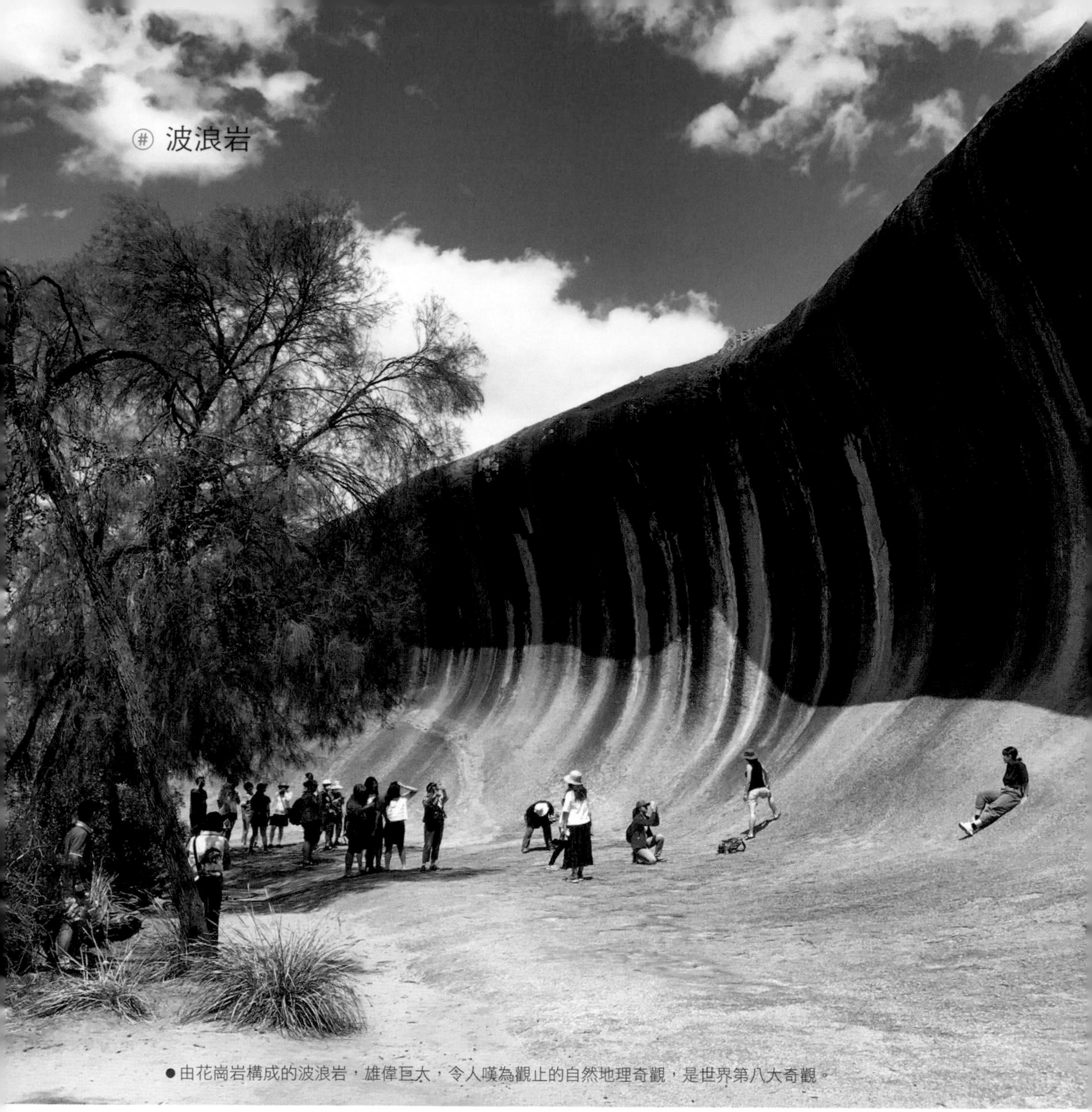

ⓗ 波浪岩

●由花崗岩構成的波浪岩，雄偉巨大，令人嘆為觀止的自然地理奇觀，是世界第八大奇觀。

超過27億年的時間，在雨水沖刷加上長年風化，形成高15公尺，長110公尺的波浪岩。1967年，一位來自紐約的攝影師Jay Hodges無意間把拍攝的照片拿去參賽，卻意外勇奪大獎而且還登上國家地理雜誌，從此每年吸引數十萬觀光客來此。

▸波浪岩酷似一大片席捲而來的洶湧巨浪，巨岩上方擺出衝浪者姿勢，是最佳拍照視角。

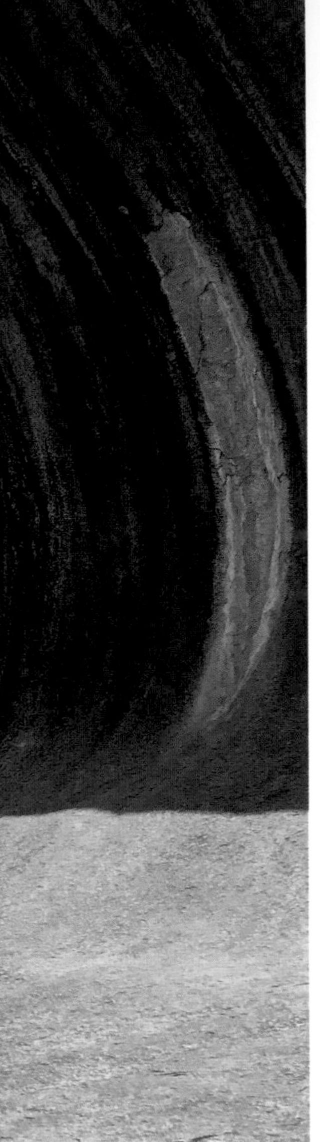

◀可用手機打光，往天花板照，可以看到很多手印喔。

⊕ 穆卡洞穴（Mulkas Cave）

根據原住民傳説，穆卡是來自一對非法結婚生下的孩子，天生具有一雙鬥雞眼，但也因此無法正確瞄準獵物，肚子餓了就抓小孩來吃，經年累月都住在洞穴裡，所以可以看到當時留下的手印。

午餐 Bush Bakehouse Café是唯一的餐館。

下午 ⊕ Corrigin Dog Cemetery：成立於1974年，迄今已經有超過200隻狗狗埋葬在這裡，所以外觀以一隻大狗作為雕像，紀念人類最好的朋友。

晚餐 賭場自助餐buffet。

夜宿 推薦伯斯市中心的皇冠度假酒店（Crown Towers Perth ），房內有一大片落地窗，可以欣賞窗外風景，如果預算充足，建議指定面伯斯市區的房型。

1.五星級豪華皇冠度假酒店人氣非常旺盛，有游泳池、餐廳、精品、SPA，以及24小時賭場、大劇場等娛樂設施。
2.在房間可以看到伯斯這座城市。
3.在浴缸可以一邊泡澡一邊看電視。

伯斯 ➜ 佛里曼特 ➜ 科斯洛海灘 ➜ 南伯斯或國王公園

早餐　飯店內用。

上午

伯斯

我心目中最愛的澳洲城市，非這裡莫屬，沒有世界級的觀光景點，但只要30分鐘車程，就可以來到浩瀚的印度洋；沒有東澳大城市的喧擾，卻多了不少優閒的步調。外國人以新加坡和馬來西亞占多數，讓這裡的料理多了東南亞的風味，東邊最近的大城市是距離4,000公里遠的雪梨，西邊則是南非開普敦（Cape Town），北邊則是東帝汶（Democratic Republic of Timor-Leste），用世界上最孤寂的城市來形容伯斯，是再合適也不過了。

◀
上：晴朗無雲的好天氣，市區也可以拍得像明信片。
下：春天是西澳野花盛開的季節，在市區就可以看到許多色彩繽紛的花朵。

午餐

推薦碼頭邊的Kailis Fishmarket Café，現點現做，個人最愛海鮮濃湯或海鮮拼盤。或一旁的小天使精釀啤酒廠（Little Creatures Brewery），外觀是由三棟舊倉庫改建，用餐區的空間挑高，相當舒適，建議坐在戶外無敵海景區，手工披薩、淡菜和薯條必點。

▲
左：在碼頭餐廳必點的海鮮拼盤配清涼啤酒。
右：小天使酒廠也有戶外用餐區。

下午

佛里曼特

距離伯斯約半小時車程，也可以從市區搭船來到這個港灣小鎮，這裡保存西澳最古老的砂岩建築，也是當地貿易往來最主要的港口，夏日的午後會吹起舒服的海風（俗稱Freo doctor），週末吸引不少人來喝啤酒與吃冰淇淋，消暑一番。

▲
左：佛里曼特是西澳保存最多砂岩建築的小鎮。
右：炎炎夏日就該來支義式手工冰淇淋。

佛里曼特週末市集（Fremantle Market）

從佛里曼特火車站走出來沿著市場街（market street，又稱卡布奇諾大道）走約600公尺，即可來到超過120年歷史的市集。營業時間是每週五、六、日早上9點至下午6點，主要分為藝術品、紀念品、手工食物與當地蔬果這幾大類，出發前記得清空腸胃，再去好好品味一下在地美食。

▲充滿蓬勃活力市集除採購外，戶外不定時會有街頭藝人表演。

圓屋監獄

由殖民時期第一位土木工程師亨利·威利·雷維利（Henry Willey Reveley）所設計，裡面只有8個牢房及1個看守所，特別的是這棟建築是由罪犯蓋給罪犯住的監獄，從外面的山丘可以看到印度洋美景，入口處可以看到佛里曼特的街景，開放時間上午10點半至下午3點半。

回程時，順道停留科斯洛海灘，欣賞印度洋的落日。

◀後面一棟棟小房間就是關犯人的地方。

晚餐

位在天鵝河對岸的南伯斯，是當地相當適合看夜景的地方，這間很有居家氛圍的義式餐館Ciao Italia，必點燉飯（Risotoo）、千層麵（Lasagna）、白醬培根義大利麵（Carbonara）還有飯後甜點提拉米蘇。

飽餐後到南伯斯碼頭或國王公園看夜景，天鵝河的對岸就是伯斯市區，之後前往機場，結束這趟西南澳之旅。

Part.3
超級玩家

Route_2
行程二

在現代遇見原始的內陸體驗

北領地

Northern Territory

MUST DO 艾爾斯岩（Ayers Rock）和星空晚餐、在內陸休息站喝杯清涼啤酒、體驗原住民文化、在銀河下野營入睡、搭乘 The Ghan 穿越中澳、峽谷健行、搭船釣鱷魚。

Dary 眼中的北領地

1 3
2 4

1.充滿澳洲內陸風味的壁畫。
2.達爾文也流行吃早午餐和咖啡。
3.澳洲內陸擁有古老的奇特地貌，紅土中心（Red Centre）經典路線包括烏魯魯（Uluru）和卡塔丘塔（Kata Tju a）等。
4.國王峽谷邊緣步道健行，一旁就是不見底的峽谷。

北領地對於我們來說是陌生的，但卻又是個充滿濃厚澳洲風情的地方，這裡就像電影《澳大利亞》般的場景，深入內陸，開車動輒2至3小時才有一間小超市或休息站，更別提網路，只要離開市區，幾乎是沒有訊號的。2008年在澳洲打工，意外在達爾文（Darwin）生活將近半年，在人生中留下深刻難忘的回憶，因為這裡的生活如此單純，人與人之間的往來是密切的。曾參加艾爾斯岩到愛麗絲泉（Alice Springs）三天兩夜星空野營的行程，結束後，記得在愛麗絲泉的超市吃到冰淇淋那一刻，有種重回現代的感動；相隔10年再訪達爾文，熱帶風情的氛圍加上這裡緩慢的步調，街上依舊充斥著酒吧、紀念品店與異國料理的餐館，在現代化的今天，這裡保持那分簡單的純真，我想這也是她最迷人的地方，歡迎來到真正的澳洲北領地Top End。

北領地基本資訊

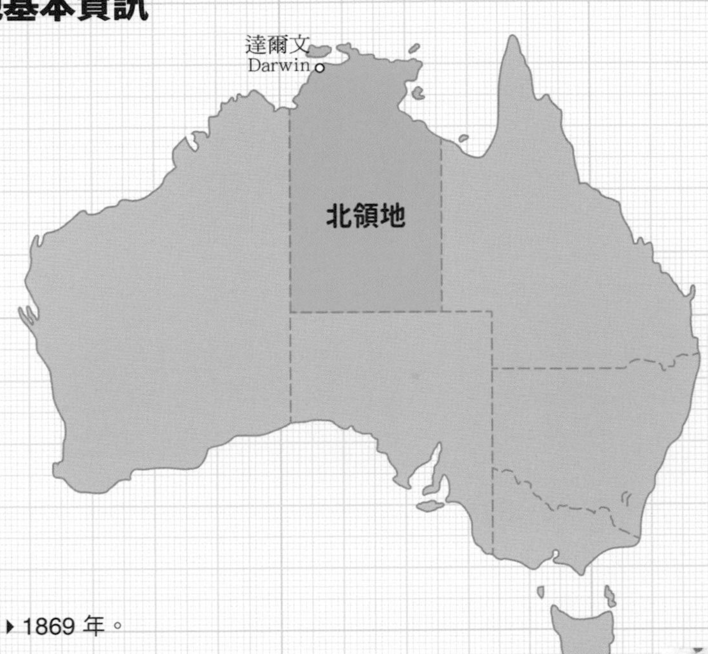

建城時間 ▶ 1869 年。

首府 ▶ 達爾文（Darwin）。

州動物 ▶ 紅袋鼠（red kangaroo）。

州鳥 ▶ 楔尾鷹（Wedge-tailed eagle）。

州花 ▶ 史特沙漠玫瑰（Sturt's Desert Rose）。

交通方式 ▶ 目前沒有直飛航班，只能在澳洲主要大城，例如雪梨或墨爾本轉國內航班前往。

面積 ▶ 1,420,968 平方公里。

人口 ▶ 約 25.2 萬（截至 2023 年統計，約 1/3 人口是原住民，6 成人口住在達爾文）。

人均 ▶ 約 12.4 萬澳幣。

產業 ▶ 零售業、農林漁業、營造業、礦業與製造業。

旅遊方式 ▶ 當地跟團或自駕。

建議天數 ▶ 10 ～ 12 天（不含搭機時間）。

每日預算 ▶ 每人澳幣 300 元起。

旅遊型態 ▶ 探索自我內在、充滿狂野與原始的旅程。

最適旅遊季節 ▶ 乾季（5 月～ 10 月）。

▲在澳洲內陸地區旅行必備的裝備。

旅程設計理念

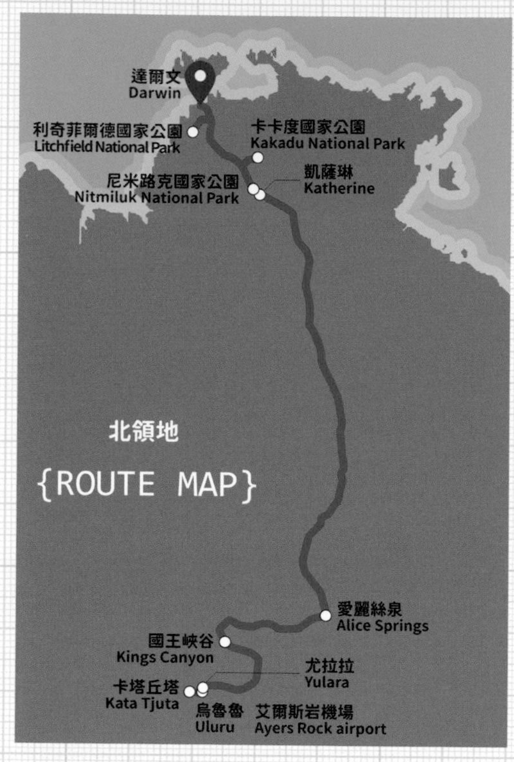

北領地，因為轉機加上只有乾季（5～10月）適合旅遊，她是個充滿狂野與萬種風情的地方，這裡可以看見澳洲人過去到現在還持續的生活方式，也可以遇見好幾萬年前就住在這塊土地上的原住民，地理位置靠近東南亞，用了不少香料來料理食物，除此之外，還有水牛肉、鱷魚肉和袋鼠肉等野食，既然來了，就一次把所有的亮點全部走完，這行程會從艾爾斯岩出發，往東玩到澳洲中心的小鎮愛麗絲泉，再結合頗具特色的中澳鐵路The Ghan往首府達爾文移動，最後再拜訪兩座國家公園，走完這行程，你已經是澳洲專家了。

從著名的艾爾斯岩（Ayers Rock）出發，先到風之谷，再到國王峽谷（Kings Canyon），接著來到澳洲的中心小鎮愛麗絲泉（Alice Springs），改搭中澳火車往北邊的達爾文（Darwin）前進，逐一拜訪周遭的國家公園，體驗原住民的文化與生活。

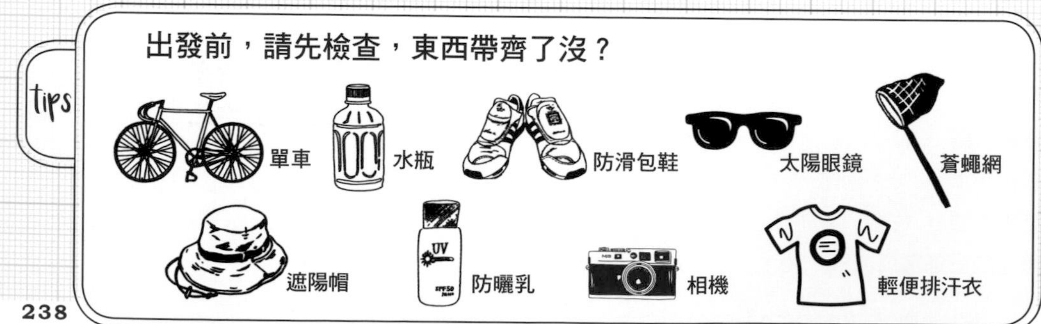

北領地行程簡表

D1
初見艾爾斯岩

→

D2
烏魯魯日出
風之谷健行

→

D3
國王峽谷
輕健行

↓

D4
澳洲之心
愛麗絲泉

←

D5
穿越中澳
甘號列車

←

D6
利奇菲爾德
國家公園

↓

D7
淘金小鎮
峽谷遊船

→

D8
鐘乳石洞
天然溫泉

→

D9
卡卡度國家公園

↓

D10
原住民壁畫
酒吧夜生活

←

D11
達爾文市區觀光

▲利奇菲爾德國家公園內的豪華露營帳棚。

抵達艾爾斯岩機場（Ayers Rock airport）➔ 尤拉拉（Yulara）➔ 烏魯魯（Uluru）

台灣目前沒有直飛艾爾斯岩的航班，建議從雪梨或墨爾本飛（航班選擇多），可事先在網路報名當地旅行社三天兩夜的行程，沿途玩到愛麗絲泉結束，再前往北領地達爾文。當地行程差異不大，價差來自餐食與住宿品質，如果預算有限，選擇背包客旅遊方式，由導遊料理三餐，兩晚住在露營區，每人費用大概是澳幣500～600元起跳，建議參加套裝行程即可，因為內陸的租車和油費相當貴。

> ☝ 小提醒　出發前建議申辦 Telstra 電信公司的 SIM 卡，內陸地區的收訊通常比其他家好一點，但原則上內陸很多地方還是沒有訊號的。

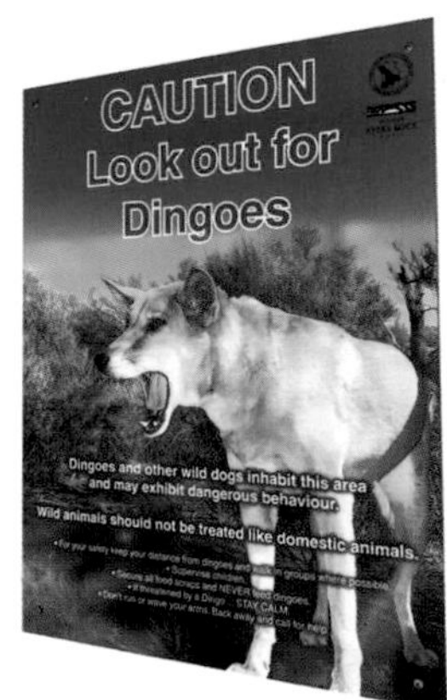

▲ 初抵機場，再三提醒小心汀狗啊！

▲ 這是三天兩夜行程的巴士，後面是載行李加睡袋的拖車。

上午

 # 尤拉拉： 當時為了規劃烏魯魯-卡塔丘塔國家公園，在1978年造出來的小鎮，人口數不到1000人，距離烏魯魯約18公里，提供住宿、紀念品店、餐廳、咖啡館、警察局、加油站、郵局等當地人與遊客基本所需，在這裡可以找到一晚約澳幣30、40元的營地，也可以找到一晚要價超過澳幣上千元的頂級住宿。

午餐　Yulara小鎮的Geckos Café。

下午

烏魯魯-卡塔丘塔文化中心（Uluru-Kata Tjuta Cultural Centre）：

認識居住在此的原住民阿南谷族（Anangu）的相關資訊，鄰近的Walkatjara Art與Maruku Arts Gallery也可看到他們繪畫的創作，如果要拍照，請務必得到他們許可再拍。

烏魯魯-卡塔丘塔國家公園

Uluru是Pitjantjatjara語（註1）的命名，1873年英國探險家威廉高斯（William Gosse 1842～1881）發現後，才以當時南澳總理亨利愛爾斯爵士（Sir Henry Ayers 1821～1897）之名，將這岩石命名愛爾斯岩（Ayers Rock）。

五億多年前就已存在這塊大地上，過去幾千年來更是原住民阿南谷族的居住地，一直以來被奉為神聖且不可侵犯的聖地，露出表面的高度有348公尺，繞一圈（圓周）約9.4公里，是世界上最大的一塊單體紅色砂岩，於1987年被聯合國教科文組織UNESCO列入世界自然及文化遺產，從日出到日落，不同時間與天氣，在陽光照射下，會呈現出截然不同的景象。

▸ 烏魯魯千變萬化的景致。

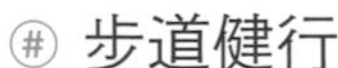

步道健行

長年雨水沖刷加上風化形成的特殊岩層，近看讓人驚艷不已，遠看則是令人嘖嘖稱奇，從高聳的圓頂到與當地原住民息息相關的岩石藝術畫，步道健行無疑是探索國家公園的最佳理想方式。

◂ 可能已經是好幾萬年前原住民留下來的壁畫。

▸ 步道開走前，水要帶足，還有防曬的帽子很重要！

▲出發前，飲用水和防曬用具要備齊。

烏魯魯環形步道

烏魯魯環形步道有以下幾條選擇，如果腳程快，可走最完整的Uluru Base Walk，繞一圈約10公里，或是從第2到第5條步道擇一即可。

①.**Uluru Base Walk**：最長的一條步道，切記，出發前務必帶足礦泉水，夏天高溫接近攝氏50度，冬天夜間氣溫達-7度，從Mala停車場順時鐘走，趁清晨天氣涼爽的時候出發，上午11點前結束，沿途可以看到澳洲內陸多樣性的動植物與地質景觀，這也是近距離感受這塊原住民聖地的最佳方式。

相關資訊

②.**Mala Walk**：從Mala停車場走到Kantju峽谷，可以在廚房洞穴看到當時古人如何準備食材；抵達Kantju峽谷前有不少精緻的岩畫，這裡也是欣賞夕陽的地點之一。

相關資訊

③.**North-east face walk**：在base walk當中距離最長的部分，從Mala步道的岩石洞走到Kuniya Piti，東北面的岩石蘊藏很多代代相傳的故事，為了遵循當地文化信仰的延續，這裡嚴禁拍照。

4

1 1.導遊正在解說原住民的生活環境。
2
3 2+3.這裡過去也是原住民生活的地區。
4.許多地點是原住民聖地，禁止拍照，遊客要切記。

④.Kuniya walk to Mutitjulu Waterhole：

從Kuniya停車場走道Mutitjulu水池，這是步道中少數有水源的地方，水源在此代表有綠色植物，故有機會看到袋鼠等動物，這裡是傳統接待來自海外貴賓的步道（因為比較涼爽）；在Kuniya walk也可以了解女蟒蛇與毒棕蛇男的故事。

相關資訊

▸烏魯魯環形步道是毫無遮蔽物的健行之旅。

⑤.Lungkata walk：可看到數千年來在風力跟雨水的侵蝕下，形成壯觀的洞穴與裂縫；這條步行可了解到關於Lungkata（厚臉皮的藍舌蜥蜴人）以及為什麼Tjukurpa（註2）教我們不要偷竊他人的知識。

相關資訊

晚餐 寂靜之聲（Sound of Silence），若預算充足，推薦每人約澳幣250元的日落與星空晚餐，用餐時間約4小時，一邊欣賞烏魯魯，一邊品嘗三道式Bush-Tucker（註3）、簡易自助餐、原住民傳統樂器表演、夜間星空導覽及來回接送，但9歲以下兒童不適合參加。

夜宿 若沒參加當地行程，可依預算有不同選擇（可預訂有廚房的住宿）。

夜宿資訊

註1：這是當地原住民Anangu族使用的西部沙漠語言中的方言Pitjantjatjara（發音pigeon-jarrah）和Yankunytjatjara（發音young-kun-jarrah），在歐洲人還沒抵達之前，這裡有超過300個原住民語，超過700種方言，早期由於沒有文字，只能靠口耳相傳，保存更加不易，目前僅剩20～50種流傳下來。

註2：阿南古族的文化基礎，象徵生活環境與祖先的連結，同時也教育下一代如何在嚴峻的沙漠環境存活，譬如如何移動到另一個區域、哪裡可以找到食物跟水源，這些故事無法被記載，而是透過歌曲、儀式、故事、舞蹈與藝術相傳下去。

註3：就地取材，不論蔬果還是肉類製成的料理，這是澳洲內陸原住民傳統的用語。

●風之谷步道入口，據說也是宮崎駿動畫《風之谷》的靈感來源。

Day 02 欣賞艾爾斯岩日出（sunrise at Ayers Rock）➜ 卡塔丘塔（Kata Tjuta）➜ Curtain Spring➜ 瓦塔卡國家公園 - 國王峽谷（Kings Canyon at Watarrka National Park

●等待日出那一刻的感動。

小提醒

①. 2019 年 10 月 26 日起，禁止攀爬艾爾斯岩（又稱烏魯魯 Uluru），否則會有巨額罰款。

②. 建議可到 Talingu u Nyakunytjaku - Ulu u Sunrise Viewing Area 欣賞日出，夏天（12 月至隔年 1 月）日出時間介於早上 5 點 45 分到 6 點 15 分之間，冬天（7 到 8 月）日出時間介於早上 7 點至 7 點半之間，提早半小時抵達即可。

早餐 建議前晚準備捲餅或三明治，邊看日出邊享用。

上午

＃艾爾斯岩日出

泡上一杯澳洲茶，等待日出從大地的那一端緩緩升起，當陽光照映在這塊巨石上，每秒都散發出不同的光澤變化，當下有種無法言語形容的感動，彷彿跟這裡古老的原住民產生了連結。

Info. 預算充裕，建議騎乘駱駝看日出，過去用來協助內陸探險與運送物資的駱駝，隨著鐵路等交通工具的出現，取代駱駝原有的功能，現今則轉型成觀光用途，一邊眺望無盡的荒漠及這塊風情萬種的神秘巨石，在不同的時間與天氣，會呈現出截然不同的景象。僅提供此業者預訂駱駝體驗。

相關資訊

＃卡塔丘塔（Kata Tjuta）巨石群

距離艾爾斯岩約50公里處，舊名為奧加（mount olga）的卡塔丘塔，在Pitjantjatjara語當中代表「很多頭」的意思，由36個陡峭的巨石所組成的區域，占地約二十多平方公里，對於Anangu族來說，這裡是男性用來製作工具與狩獵的重要場所。卡塔丘塔也是宮崎駿動畫《風之谷》的靈感來源之一，總共有兩條步道，可以根據自己的時間和體力去做選擇。

●穿梭在卡塔丘塔巨石之中健行，是一種很特別的體驗。

①.風之谷步道（Valley of the Winds walks）：走完全程需要3到4小時，走在巨石堆之中彷彿置身在火星般的獨特，若時間不夠，建議走較短的路線Karu觀景台（約1小時，來回2.2公里），當中會經過部分較鬆散的岩石；或是走Karingana觀景台（約2.5小時，來回5.4公里），會走到山谷及河床，是較有挑戰的路線，根據阿古南族的信仰，此路線請勿對岩石拍照，花草可以拍。

步道地圖可參考澳洲國家公園官方QRcode：

▸左：沿著藍色箭頭走就對了！右：在風之谷步道會看到保護當地植物，請沿著藍色箭頭走的指示牌。

▾個人推薦這條步道，慢慢走，基本上不難。

左：彷彿走進電影拍攝場景。
右：挑戰距離較長的步道前，務必確保帶足飲用水。

②.瓦帕峽谷步道（Walpa Gorge Walk）：走在其中，就像一個被大自然雕刻出來的古代廟宇，同時也是動物與植物的休憩場所，這裡有機會看到野生袋鼠出沒。

小提醒 這裡對阿南古族人來説是個非常神聖的地方，旅遊的過程中請務必保有尊敬，盡可能安靜行走在步道上，不要輕易跳進水池玩耍，就算是當地女性來此蒐集食物或水源，也應保有一顆敬畏之心。

午餐 Yulara小鎮的Walpa Lobby Bar或參團的旅行社準備。

下午

Curtin Spring

從尤拉拉往國王峽谷（Kings Canyon）前進，中途暫停Curtain Spring，參觀澳洲內陸版的休息站，尤其是廁所外面的塗鴉，也非常逗趣。在1956年，由彼得．塞維林和他年輕的妻子道恩、他們蹣跚學步的兒子阿什利和1,500頭牛移居至此，除了畜牧業之外，也開始經營旅遊及餐飲等相關行業。

接著會經過Mount Conner觀景台，如果遇到前幾天下雨，還有機會看到特殊的鹽湖景觀。

上：在休息站補足零食啤酒再上路。
下：Curtain Spring是設施完善的休息站，還提供淋浴的服務。

1 2 3　1.北領地靠近中澳這區，又稱紅土中心（Red Center）。 2.途中為晚上的營火晚會做準備。
3.Curtain Spring提供跟外界往來的信箱。

⑭ 國王溪驛站（Kings Creek Station）

距離國王峽谷大約36公里處，從事駱駝出口與牧牛等產業，過去曾有36部紀錄片在此拍攝，這裡的住宿選擇從小木屋或簡易營區皆有，若事先準備好食材，可自行到公用廚房料理或到牧場的商店購買熟食，例如駱駝漢堡。我曾在這裡跟一群來自不同國家的背包客，在傍晚時刻，升起營火，欣賞George Gill山脈的景觀與日落，夜晚看著毫無光害的星空銀河野營，這是一生難忘的內陸體驗。

另外，在國王峽谷附近的Discovery Kings Canyon，這是澳洲當地露營區的連鎖品牌，也有提供不同類型的住宿選擇與晚餐。

1 2 3　1.提供各種不同住宿選擇的營區。 2.Kings Creek Station營區的淋浴間。
3.Kings Creek Station營區，星空下的營火。

晚餐　營區內的咖啡館吃簡餐，或是自行下廚（需事先在尤拉拉小鎮的超市採購）。

夜宿　國王溪驛站營區。

Day 03 國王峽谷環狀健行（Rim Walk at Kings Canyon）➜ 赫爾曼斯堡（Hermannsburg）➜ 愛麗絲泉（Alice Springs）

早餐 前晚事先準備三明治。

上午（凌晨出發）

> **小提醒**
> 需準備頭燈或手電筒，今日健行可攜帶登山杖。

國王峽谷

隸屬Watarrka國家公園的一部分，在1872年被發現，位在愛麗絲泉西南方約450公里處，由於這裡特殊的峽谷地形，天然形成動植物的遮蔽處。國家公園內有5條步道，例如適合全家大小的國王溪步道（The King Creek Walk），全程2.6公里，需1個小時；個人推薦國王峽谷邊緣步道（Kings Canyon Rim Walk），全程6公里，需要3至4小時，建議日出前1小時出發，起初要走500個非常傾斜的階梯，接著會看到有一大片經年累月風化形成的紅色圓頂蜂巢（最佳欣賞日出地點），彷彿走在某座不知名的星球，故此有失落城市（Lost City）之稱，最後在峽谷下緣會發現一區有水源和植物的地區，就是傳說中的伊登花園（The Garden of Eden），其中會看到很多澳洲內陸獨有的特殊植物。

◂ 左：參加國王峽谷邊緣步道健行，天亮前出發，看日出。
右：導遊正在解釋，原住民如何利用野植來治療疾病。

▲漫步在片岩堆砌的蜂巢之中，不得不讚嘆造物者的鬼斧神工。

午餐 可停在赫爾曼斯堡休息，車子加油並在此吃個簡餐。

下午

＃ 愛麗絲泉（Alice Springs）

位於澳洲中部經常乾枯無水的托德河（Todd River）畔，這裡是北領地僅次達爾文的第二大城，人口數約3萬左右，當中原住民占了約五分之一。早期叫做Mparntwe，3萬年前Arrernte族就已經生活在此，直到1933年才被當時的量測員William Whitfield Mills用電報先驅者Charles Todd爵士的太太Alice命名。位居澳洲大陸的中心處，也是南澳阿得雷德（Adelaide）和北領地第一大城達爾文市的中繼站，周圍被廣大的維多利亞大沙漠包圍著，是出入艾爾斯岩的重要門戶，如果搭乘甘號列車（The Ghan）火車，不論是從阿得雷德或達爾文出發，會在此作短暫停留，這裡也是澳洲飛行醫師的重要基地。

▲
上：內陸地區的酒吧，多了一點隨興狂野的風格。
下：在市區可見充滿內陸風味的壁畫。

晚餐 Epilogue Lounge & Rooftop Bar。 **夜宿** 愛麗絲泉小鎮。

愛麗絲泉市區觀光 ➜ 甘號列車（The Ghan）➜ 達爾文（Darwin）

早餐 Base Cafe 0870，坐落在皇家飛行醫生博物館內的咖啡館。

▲從愛麗絲泉往北可到達爾文，往南可到南澳，全長三千多公里。

◀在單調的內陸風光，看到一台可愛逗趣的小車，可是很大的樂趣。

上午 全日市區觀光，感受這裡的氣氛，周遭不錯的景點參考如下：

⊕ 愛麗絲泉沙漠公園（Alice Springs Desert Park）

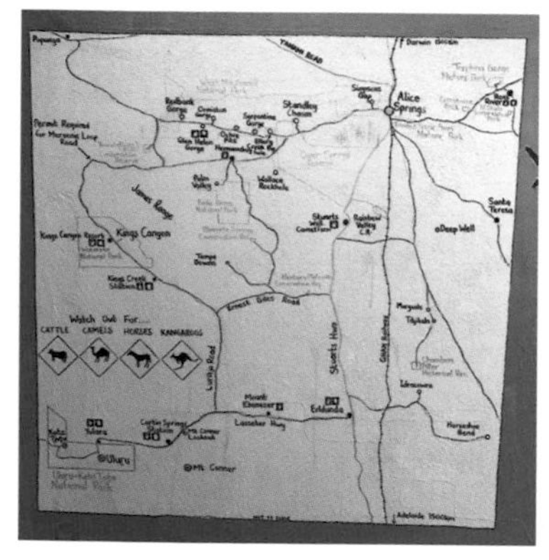

這是個結合植物園、動物園、原住民文化中心和環境的保護研究區，強調和原始自然環境合而為一的沙漠公園，共分為沙漠河流棲息地、沙域棲息地、森林棲息地，另外還設置夜行館，是公園的招牌景點。除了常見的鴯鶓、汀狗與袋鼠之外，也可探索澳洲獨特的沙漠區域罕見的鳥類。

◀來看看這幾天旅遊的路線圖。

⊕ 愛麗絲泉廣播學校（Alice Springs School of the Air）

愛麗絲泉廣播學校，在1951年成立的廣播學校，利用飛行醫療團隊的通訊器材以空中廣播的方式傳授知識給住在牧場、礦區、營地、休息站等內陸，交通不便的兒童，主要對象是學齡前到9年級的學生。由於是無邊無際的校園，而被號稱是世界最大的教室，教學範圍涵蓋了130萬平方公里（相當於四十多個台灣）。此特殊的教學方式連英國女王都到此參觀。現今則改由網際網路取代傳統的廣播教學。

愛麗絲泉電報站歷史保護區（Alice Springs Telegraph Station）

建於1872年的電信站，不只串連了南澳與北領地的電報線，也將澳洲與英國的海底電報網建立起來，過去從澳洲發訊息到英國需要3到4個月時間，興建後只需要5個小時的傳遞時間，這裡也是澳洲大陸12個電信站當中保存最好的一個，門票費用包含上午提供的兩場導覽行程（僅4～11月舉辦）。

相關資訊

安扎克山（ANZAC Hill）

安扎克山最初是用來紀念所有在第一次世界大戰中做出巨大犧牲的軍人紀念碑，現成已成為紀念澳大利亞中部的女性、男性和地方在一百多年的澳大利亞軍事歷史中所做的貢獻，這裡也是俯瞰愛麗絲泉市景不錯的地點。

▲安扎克山的紐澳軍團紀念碑。

◀俯瞰愛麗絲泉小鎮。

皇家飛行醫生服務（Royal Flying Doctor Service）

成立於1939年的非營利組織，針對澳洲境內所有住在內陸地區，提供給醫療不便的居民或是旅行者，每週7天，每天24小時的醫療服務，在北領地與南澳的四個服務中心，每年幫助了超過5萬名的病患。

午餐 The Rock Bar，有提供袋鼠肉的酒吧餐館。

▸第一次嘗試袋鼠肉。

下午 # 甘號列車

為了紀念過去從阿富汗來澳洲的馱夫與駱駝，顧取其名，這是一條穿越中澳的鐵路，連接南澳阿得雷德到北領地達爾文，全程需要三天兩夜，也可以從愛麗絲泉搭往達爾文，需時兩天一夜，途經凱薩琳（Katherine），每週只有一、兩個班次。

務必事先上網預訂班次。

1+2.當時背包客窮遊，買張座鋪和吐司餅乾，三天兩夜在火車上吃了又睡，醒了又吃，現在回想，也挺有趣。

3.搭乘甘號列車穿越澳洲南部與北部的遼闊土地，是一趟終身難忘的鐵路之旅。

晚餐 Simply Korean Restaurant 韓式料理或火車上吃。

夜宿 甘號列車上。

Day 05 甘號列車 ➜ 達爾文

早/午餐 火車上吃。

全日行程 欣賞澳洲內陸沿途風光，開車往達爾文前進，預計傍晚抵達。

▸超過24小時，已經分不清是日出還是日落。

㊕ 達爾文

1869年沿著澳洲最北部的海港而建，同時也是軍事和北部海岸巡邏艇的基地，在二次世界大戰經歷過63次轟炸，直到19世紀分別設立了第一條和南部連接的電報線與金礦的發現後，才迅速繁榮起來，在1911年設立北領地，正式定名為達爾文市。

▲
左：達爾文市區州政府辦公室。 右：鄰近有不少度假旅館選擇的達爾文濱海區。

晚餐 Lazy Susan's Eating House & Yum Cha，在中式料理餐廳，此時應該很想吃米飯或來碗熱湯吧！

夜宿 達爾文市區。

達爾文 ➔ 利奇菲爾德國家公園（Litchfield National Park）

Info.

接下來要展開 5 天 4 夜的自駕之旅，提醒如下：

①. 請租四驅車，因為部分國家公園的景點，一般客車無法進入，加油站相當少，越往內陸油價越貴，原則上，有看到加油站，加滿就對了！

②. 北領地主要分乾季（5～10 月），濕季（11 月至隔年 4 月），卡卡度國家公園（Kakadu National Park）在濕季容易因為大雨淹水關閉，建議在乾季前往這裡旅遊。

③. 進入卡卡度國家公園，必須申辦國家公園 7 日通行證。

通行證資訊

早午餐 Fresh Point Co. Parap，有點浮誇的鬆餅是這家的招牌特色。

㊖ 利奇菲爾德國家公園

位在達爾文西南邊，車程約1.5至2小時，占地1,500公里，圍繞在壯觀的Tabletop山脈之間，寬廣的沙岩地形與高原峽谷，境內覆蓋著茂盛的樹林、壯觀的瀑布、清澈見底的水潭以及北領地獨有的白蟻丘（註1）。建議攜帶泳衣褲，可以跳進佛羅倫斯瀑布（Florence Falls）或氣勢磅礡的雲芝瀑布（Wangi Falls）游泳玩水，切記北領地的沼澤也是鱷魚常出沒的地區，務必只能在可以游泳標誌的區域才下水，站在景觀台上眺望有蝙蝠居住洞穴的托莫瀑布（Tolmer Falls），國家公園內有部分景點，例如失落城市（The Lost City）只有4DW的車子且乾季的時候才能進入。

▲
左：北領地常見的白蟻丘。
右：利奇菲爾德國家公園裡的佛羅倫斯瀑布。

晚餐 自行下廚。

夜宿 Batchelor附近（預訂有廚房的住宿，隔天便能做早餐）。

註 1：在 Magnetic Termite Mounds 有機會可以看到一大片的白蟻丘，甚至有的還超過 2 公尺高，這些動輒生長超過 50～100 年的時間，天生喜歡潮濕且溫熱的氣候，從外觀來看，比較薄的那一面是朝向南北方向，較厚的則是東西方向，在這樣的設計之下，可以減少日照帶來的高溫。

利奇菲爾德國家公園 ➜ 凱薩琳（Katherine）➜ 尼米路克國家公園（Nitmiluk National Park）

早餐 自行下廚。

餐後繼續驅車一路往南向凱薩琳地區，這段自駕旅程也是超過二百公里，因此可在途中的一個小鎮松樹溪（Pine Creek）略休息。然而天乾物燥的內陸北領地，途中還時不遇見觸目心驚的森林火災！

上午

松樹溪：在1870年，一項從阿得雷德搭建到達爾文的電信計畫案，恰巧經過一個種滿松樹的河岸時，意外發現黃金，進而帶動一股淘金熱，當時居民數高達到3,000人，雖然掏金熱不在，但仍保存當時的建築特色、採礦機台和火車站等，在此了解一下北領地當時的冒險開發史。

午餐 Pine Creek Hotel。

下午 # 尼米路克國家公園

坐落在凱薩琳地區，達爾文南方約320公里處，可以從以下兩個入口進入，分別是南邊靠近凱薩琳的Nitmiluk Gorge或北邊的Leliyn（Edith Falls），這裡過去是Jawoyn人的居住地，現在是北領地著名的旅遊景點之一，可以搭船欣賞峽谷風光或是在這裡露營、划獨木舟等活動。

▲在北領地常見的背包客旅行巴士。

建議參加凱薩琳峽谷河畔星光晚餐，全程約3.5小時。凱薩琳峽谷是由大小約13個不同的峽谷所組成的，每年的乾季（4～9月）是水位較淺的季節，適合搭乘觀景遊船欣賞兩側氣勢磅礡的峽谷，歷經兩千五百多萬年的河水沖刷，將砂岩層切割出現今的特殊風貌，傍晚時刻，從夕陽到天色漸暗，黃色砂岩和森林在不同的光線照映下，更顯秀麗，在岩壁上可找到澳洲原住民的岩壁畫作，及豐富的河岸動植物生態，預計在船上享用三道式料理加酒水。

相關資訊

晚餐 船上享用。

夜宿 凱薩琳小鎮（預訂有廚房的住宿，隔天便能做早餐）。

凱薩琳一日遊

早餐 自行下廚。

上午 ㊟ **凱瑟琳：**坐落在熱帶與內陸的交界處的小鎮，距離達爾文約316公里，愛麗絲泉約1181公里，涵蓋區域包含南部的唐馬拉（Dunmarra）一路延伸至北部的戴利河（Daly River）地區，總面積為48萬平方公里，人口數約6,000人，東西兩側分別與昆士蘭州及西澳接壤，提供當地牧場、芒果園、高粱與其他穀類作物中繼交易站，這裡的第一批居民是澳洲當地的Jawoyn和Wardaman原住民，故有許多博物館、藝廊，及歷史景點。

㊟ 原住民文化體驗（Top Didj Cultural Experience）

全程約2.5小時的文化體驗，透過當地原住民藝術家分享，了解傳統的生活方式、學習樂器演奏Didgeridoo、還有如何生火和射迴力鏢的技巧等，最後參觀收藏來自Jawoyn, Dalabon and Mali等原住民的藝術畫廊。
需先預訂（只有5～10月）。

▲
左：澳洲原住民的食物有很大一部分是來自生活周遭的野植，透過課程可以了解當地祖先累計數萬年的智慧。
右：通常在節慶或慶典活動才有的原住民舞蹈表演。
◀ 原住民傳統樂器Didgeridoo（左），只有男生可以吹，通常用尤加利樹做成，有研究指出，長期吹這種樂器，可以減少睡覺的打呼聲音；右為打獵的用具回力鏢。

相關資訊

午餐 Pop Rocket Café，就在溫泉旁邊的露天咖啡館。

下午

凱瑟琳溫泉（Katherine Hot Springs）：坐落在叢林之間的溫泉，好在泉水不熱，但天氣夠熱，泡起來別有一番滋味。

卡達卡達洞（Cutta Cutta Cave）

位於凱瑟琳南方27公里，北領地唯一一座對外開放的鐘乳石洞，參觀動線大約750公尺，涵蓋面積多達1499公頃，歷時約5億多年的時間，才形成的鐘乳石柱，在解說員講解之下，增添不少樂趣，這裡也是不少種類蝙蝠的棲息地。

▲這些都是歷經數千年以上才形成的鐘乳石。

Info. 主要在乾季4～10月開放，建議預訂購票，除了中午12點之外，須參加每天從早上9點至下午3點，每小時一梯次的導覽行程，務必穿包鞋，不能穿拖鞋或夾腳拖。

預訂網址

晚餐 Regent Court Chinese Restaurant，專賣中式料理，點份炒飯嘗嘗吧！

夜宿 凱瑟琳小鎮（預訂有廚房的住宿，隔天便能做早餐）。

凱薩琳 ➜ 卡卡度國家公園（Kakadu National Park）

早餐 自行下廚。

上午 今早開車前往卡卡度國家公園，第一站黃水河遊船，距離約300公里，建議在中途的松樹溪可以休息片刻。

午餐 事先準備三明治。

下午

預訂網址

黃水潭遊船（Yellow Water Cruise）

Yellow Water是布滿本土植物群和動物群的內陸水潭，Billabong在當地原住民語代表靜水潭的意思，這裡是鱷魚、野馬、水牛和其他野生動物的棲息地。搭上遊船，觀賞溼地沼澤地區豐富的動植物生態，水潭盛開美麗的粉紅及白色睡蓮，不定時還會看到在曬太陽的特有鳥類，這裡也是非常適合欣賞落日美景的地點之一。

▲搭上遊船，找尋北領地奇特的動植物生態。

卡卡度國家公園

這個名字來自於發音錯誤的原住民語Gaagudju，是目前澳洲境內最大的國家公園之一，占地面積約2萬平方公里，從疏林草原、森林、紅樹林到高達三百多公尺的懸崖地形，園區內可發現到很多獨特的動植物，包含澳洲1/3的鳥類、1/4的哺乳類動物、魚類與爬蟲類等，這裡5萬年前就有原住民比寧基（Bininj）和蒙蓋伊族（Mungguy）生活在這塊土地上，如此豐富的文化與自然生態，直到1981年才被列為世界文化遺產，這裡曾是電影鱷魚先生的拍攝場景。 部分景點在雨季時不建議前往，因為會淹水。

▲在北領地自駕，若有看到類似的水潭，務必不能靠近，因為有可能鱷魚就藏在水底。

☝ **重要提醒** 國家公園內如果有看沼澤或濕地，千萬不要隨便靠近，因為很可能下一秒就有鱷魚出現。

 # Burrungkuy岩畫：又稱諾蘭吉（Nourlangie），這是個非常重要的史前原住民生活遺跡，步道長約1.5公里，在主要的岩畫區（Anbangbang）了解閃電之神（Namarrgon）的故事，在雨季的時候，這裡有豐富的動植物來源，所以也是原住民的居住地之一，爬上 Kunwarddewardde景觀台，飽覽卡卡杜懸崖與岩畫全景。

晚餐 旅館內用或自行下廚。

夜宿 Jabiru小鎮，Mercure Kakadu Crocodile Hotel空中俯瞰是間排列成鱷魚形狀的旅館，游泳池就在心臟的位置；住宿選擇少，建議提早預訂（若預訂有廚房的住宿，隔天便能做早餐）。

Day 10 卡卡度國家公園 ➜ 達爾文

早餐 旅館內用或自行下廚。

上午 ㊲ 烏比亞（Ubirr）

澳洲原住民壁畫，自遠古時代的雨季開始，當地原住民部落會聚集往地勢較高的岩石區域，以渡過濕熱的雨季，但食物採集相對容易，也是各部落聚會的重要時刻，此時部落的長者會趁機教育下一代狩獵技巧和認識大自然野地的生存方式，也將這些知識繪畫在岩壁上，這些遠古時代保留下來的畫作共有三百多處，其中烏比亞是少數開發給遊客參觀的區域之一，這裡保留了大量的原住民岩石畫藝術作品、石器工藝遺跡和生活遺跡。

全長約1公里的環狀步道，共有三處岩畫區，主要可以看到原住民當時狩獵的許多種動物，動物繪畫是為了敬重其犧牲生命、以確保未來狩獵順利，或是記錄重大成果。另外兩區則是關於夢幻時光Dream time先祖，例如納瑪剛姊妹（Namarrgarn Sisters）和絢麗的虹蛇（Rainbow Serpent）。

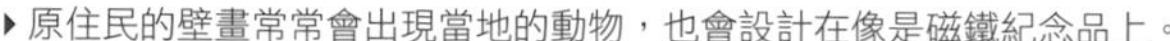

▸原住民的壁畫常常會出現當地的動物，也會設計在像是磁鐵紀念品上。

午餐

Bark Hut Inn或Breeze Holiday Parks - Mary River這裡營區通常會提供熱食；The Purple Mango Cafe and Brewery，自釀啤酒（只有乾季營業）。

下午

返回達爾文之前，可以再來點刺激的活動。

◂和鱷魚來張自拍照。

⊕ 驚奇釣鱷魚（Jumping Crocodile）

北領地向來以毒水母跟鱷魚聞名，這裡也是澳洲少數不建議你玩水的區域，不過有聰明的業者開發出到濕地搭船釣鱷魚的行程，沿著阿得雷德河，全程約1小時，當船開到可見這些史前生物的區域，接著這些頑皮的澳洲人會拿一塊塊生肉掛在魚竿上再去誘惑鱷魚，這時請準備好相機，捕捉鱷魚跳起來的那一瞬間，如果有帶自拍棒，也可以和鱷魚來張自拍？不過請小心。

行程參考

▲阿得雷德河上的驚奇跳鱷魚。

（夜生活）

在酒吧喝酒放鬆聊天是澳洲當地生活非常重要的一部分，但在這裡可以看到短短的一條街上卻充斥著各式各樣的夜店酒吧，現場有Live Band演奏，也有打扮成特殊造型才能進去的，只能說這裡真的是越夜越熱鬧。

晚餐 The Jetty Restaurant，位於碼頭附近的海鮮自助餐，只有晚上才營業。

夜宿 達爾文市區。

Day 11 達爾文市區觀光

▲達爾文市區一景。

早午餐 旅館內用或自行下廚。

上午 ⊕ 達爾文

最靠近亞洲的澳洲城市，吸引不少東南亞移民來此，市區主要由Cavenagh street、the Mall和Mitchell street三條平行的鬧街組成，城市建築充滿濃厚的熱帶風味，也因為沒有太多高樓大廈，使得這裡保留一種原始的感覺。曾獲選《Lonely Planet》最佳旅遊之選，在澳大利亞眾多景點中精選出來的唯一城市，據《Lonely Planet》報導，達爾文被形容為一個「充滿活力的夜之都」，不僅擁有獨特的集市和餐廳，3至4個小時車程就可來到充滿原始生態的國家公園與溼地，當地共分濕熱的雨季與涼爽乾季，每年乾季5～10月是最適合旅遊的季節，濕季千萬別來，坐著不動也會流汗，下午常有閃電暴雨龍捲風。

⊕ **Casuarina廣場：**達爾文最大的購物中心，有各種各樣的特色小店、超市、美食街以及電影院，結束了北領地的冒險之旅後，重回現代，享受便利生活帶來的好處，趁機不妨喝杯咖啡，好好回憶這段精采有趣的旅程。

下午 ⊕ 明迪沙灘（Mindil Beach）落日市集

這裡是澳洲最具熱帶東南亞風味的傍晚市集，在每年的4～10月，吹著舒服的海風，空氣中瀰漫著沙爹烤肉和laksa麵的香味，每週兩天（星期四、日下午4點到晚上9點），除了澳洲傳統的漢堡、炸魚和薯條之外，這裡還有印尼、越南、菲律賓和柬埔寨等不同料理選擇，不定時還會有樂隊與街頭藝人表演，在黃昏的沙灘與音樂聲中，再次感受北領地的萬種風情。

◀就在明迪海灘旁的落日市集，有不少販售東南亞料理的攤販，來杯現打的果汁冰沙是一定要的。

夜宿 機上。

⊕ 我們不是毛利人

打工度假那年，曾跟澳洲原住民的同事在達爾文做一起工作，她們膚色黝黑，手腳細長，肚子有點微凸，有時在街上或公車會遇到喝醉酒的原住民，身體髒髒臭臭的，還真有點害怕。

他們是世界上最古老的原住民，4～6萬年已存在，澳洲幅員遼闊，加上乾旱炎熱，他們會根據氣候與食物的條件而移動，又沒有留下大型建物的習慣，迄今，可能還有說著上百種不同語言的原住民分布在內陸地區。

《Rabbit–Proof Fence》（翻譯成孩子要回家），這部改編小說的電影在描述一位叫做茉莉的原住民女孩，基於對家人的思念，帶著兩個妹妹，冒著生命危險逃離寄養家庭，沿著圍籬走了二千多公里的道路，終於回到自己家的故事，有機會可以看看。

1788年白人來到澳洲後，原本安居樂業的原住民，一夕之間都變了，天花等疾病讓沒有抵抗力的他們死傷不斷；由於被視為劣種民族，白人在他們兒童時期強行帶離原生家庭，送到教會或寄養家庭接受自以為的正統教育，這部電影就是在描述1905至1967年的政策，這段時間出生的孩童又稱作被偷走的一代，直到2008年，澳洲總理陸克文（Kevin Rudd）才正式向原住民公開道歉，每年的5月26日更是全國的Sorry Day（道歉日）。

▲左：澳洲原住民分布極廣。　右：澳洲原住民國旗，黃色象徵太陽，黑色象徵當地土著，紅色象徵紅土

▲2023世界原住民大會在伯斯舉行。

撇除過往歷史，現在到澳洲旅遊，可以買到不少原住民繪畫設計的商品、狩獵用的回力鏢和演奏的樂器等紀念品，甚至還可欣賞傳統的舞蹈表演，沒有手寫文字，只能依靠圖像、繪畫跟舞蹈來傳遞珍貴的知識與資訊，也因為地處偏遠，部族之間難以交流，所以還保留他們的獨特性，目前當地至少有300～500個不同的種族，有別於紐西蘭單一的毛利人，雖然紐澳最近距離只有約1,700公里遠，但卻是完全沒有任何血緣關係。

留學澳洲，留在澳洲

▲原住民的壁畫也會出現在回力鏢紀念品上。

出國留學，首選美加、紐澳或英國，有趣的是，在台灣就業市場很少遇到從紐澳學成歸國的人，因為環境舒適，加上工作跟生活在這裡是可以找到balance（平衡）。如何留在澳洲，又有哪些工作可以做呢？

基本上，取得澳洲公民資格有三種方式：

①. 投資移民

需要的資金最多，但年齡和語言門檻較低，必須投資當地新創公司或過去有經營公司的資歷。

▲2023世界原住民大會文化之夜。

②. 技術移民

每年開放的名額跟職業別不一，若找到雇主擔保，機率較高，但得遵守雇主提出的條件。原則上，只要分數達到門檻就可遞交申請，分數組成包含：年齡（45歲以前，年紀越大，分數越低）、學經歷（有當地文憑絕對加分）、語文能力與偏遠地區加級。

③. 伴侶簽證

交往對象如有澳洲公民身分，即可提出申請，需附上共同銀行帳號，合租房子的契約書等資訊佐證。

移民政策每年改不停，詳洽專業的顧問公司。若拿到PR（永久居留）後，澳洲地廣人稀，房子大多是獨棟為主，出門要開車，三餐得自己料理，建議要培養生活興趣，才不會感到無聊，例如廚師、烘焙、園藝、修水電等，當地的TAFE（類似台灣的技職學校），提供不少相關課程。

▲在澳洲行行出狀元，專業技術，興趣結合工作更重要。

至於工作，當地重視專業跟執照，例如護士、律師或營建工人，在這裡只要擁有一項技能，生活都還過得去，不論職業高低，下班後坐在酒吧裡喝酒，大家都是平等的。目前從事醫療專業或能源採礦等行業，平均年收入超過12萬元澳幣，但也先別羨慕，因為超過的部分，以居民身分來說，要繳37%的稅，至於年收入介於45,001～120,000元澳幣之間，也要繳32.5%的稅，或許這也是當地人不喜歡加班的原因。

當地工作以Casual（兼職）和合約工居多，不論是安養院的看護、旅館櫃檯人員、潛水教練、咖啡師、開堆高機或施工的舉牌人員等等，在澳洲各地都可以找到類似工作，只要具備證照與經驗，是不用受限在某一座城市或小鎮。

▲營建工人在澳洲也是高薪的職業之一。

至於留學，紐澳怎麼選？如果是中小學，建議去紐西蘭，當地環境單純，風景優美；假若考量未來性，要在當地置產、找工作，還是得去澳洲。根據2024QS世界大學排名，有多達9所澳洲的學校入榜世界前百大，分別是墨爾本大學、新南威爾斯大學、雪梨大學、澳洲國立大學、蒙納許大學、昆士蘭大學、西澳大學、阿得雷德大學及雪梨科技大學。

如果一開始到澳洲留學，目標是技術移民，務必要選擇長期可能在移民清單的科系，譬如護理相關，畢竟人口老化是世界趨勢，千萬別花了一大筆錢，念的科系畢業後無法申請移民，那就可惜了。

1 2 3 1.前往農場前，大包小包塞滿罐頭等食物。
2.農場提供6人一室的上下舖房間，每週房租澳幣120元。
3.在農場的採果工作，似乎永遠採不完的西洋梨。

㊟ 打工度假一年，影響一輩子

以農業和畜牧業立國的澳洲，由於土地面積遼闊，將近台灣的214倍大，人口稀少，勞動力短缺，透過跟各國簽訂打工度假簽證的方式，來解決人力不足的問題。疫情期間的鎖國政策，這些背包客進不了澳洲，導致很多農作物無人採收，最後腐爛丟棄。

疫情解封後，重回澳洲，令人驚訝的是，餐廳、飯店、酒吧及觀光景點，隨處可見「台灣背包客」的存在，讓我想起2007年，身上帶著1,700元澳幣，只買一張單程機票，飛往西澳柏斯打工的記憶……

那是個只有Nokia3310的年代，網路不發達，更別提谷哥地圖，找工作只能從青年旅館張貼的資訊或是靠朋友介紹。當時澳幣兑新台幣的匯率是1:30，睡在一間16人房的上下舖裡，每周120元澳幣的住宿費，抵達沒多久就找到番茄廠的包裝工作，每天早上5點起床，下午2點收工，回到市區已經3點多，再衝超市搶購即期的特價品，開始煮亂七八糟的三餐果腹。兩個星期後，存了點錢，考量到這份工作用不到英文，索性離職，開始跟朋友在西澳自駕旅遊，大概是印度洋的海太美，才讓我回到台灣後，念念不忘，終於來到旅遊業工作，為的就是想再回到西澳。

旅行結束，聽朋友説墨爾本北邊農場有工作機會，於是我訂了張機票飛往三千多公里遠的東澳，結果巧遇澳洲網球公開賽，每天都在聯邦廣場看免費直播，錢又燒得差不多了，先到華人超商採購罐頭糧食，搭乘2.5小時的火車來到農場工作。

在農場，每天也是早上5點起床，飽餐一頓後，搭上專車，把我們放在一條看不到盡頭的果樹，每組兩人加一個梯子，教會如何開拖車後，正式開工，

1 2 3　1.2008年在達爾文打工度假，和工作的飯店同事合影。
2.三兄妹都在澳洲打工度假，放假時一起到大堡礁浮潛。
3.在墨爾本參加大妹的畢業典禮後，全家到大洋路旅遊，打工度假的確是影響我們一輩子的抉擇。

當時我採的是西洋梨和水蜜桃，每當帶去3公升的水喝得差不多，就開始吃起水蜜桃補充水分，夏天的墨爾本，高溫可達40度，最高紀錄連續14天都在採果，人生第一次在海外的農曆年，就在這裡度過。

收工後也不得閒，要手洗衣服，接著煮今日的晚餐及明天早餐，傍晚會跟朋友在農場玩耍看夕陽，記得有個瑞典來的小弟弟，每天會彈吉他給大夥聽，日子簡單卻開心，通常不到9點就已經累倒在床上休息。

2月14日，情人節機票大促銷，在農場的公用電腦我只花15元澳幣訂到一張前往達爾文的機票，算是改變我人生的轉淚點吧！出發前從未想過會來這裡，更沒想過一待就是半年，因為這座城市靠近赤道，夏天潮濕悶熱，反而5～10月（乾季冬天）是當地的旅遊旺季，所以餐廳和飯店的工作機會很多，背包客在3月中就會陸續來卡位。很多人說，來澳洲打工可以賺到人生第一桶金，直到來達爾文後，我終於相信，早上在飯店做清潔打掃的工作，下午結束，再趕去餐廳做kitchen hand，跟朋友擠在一間鋪滿6張床墊的房間，每週60元澳幣的住宿費，餐廳有供應免費晚餐，以當時的匯率，加上幾乎天天工作的情況下，月入台幣10萬元是真的，但非常辛苦。

用很低的預算，能夠出國工作旅遊，增廣見聞，對當時剛退伍的我來說，好像一場夢。後來在我的鼓勵之下，兩個原本在醫院急診室上班的妹妹，也雙雙離職來到澳洲打工，直到她們賺進人生的第一桶金，投資在語言學習，久而久之，也習慣這裡的生活步調，現在她們可是都住在墨爾本呢！

寫到這裡，忽然又想起那次帶團遇到的那群台灣年輕人，疫情解封，世界缺工，他們選擇走出來，早點卡位，不論是要賺取人生的第一桶金還是體驗異國生活，我覺得澳洲的薪資高跟多元種族文化，絕對是不錯的選擇，或許最後也可能跟我妹妹一樣，就留在澳洲了，也或許和我一樣，就愛上了澳洲。

澳洲我來了

雪梨燈光節、昆士蘭愛心珊瑚礁、
咖啡之都墨爾本、塔斯馬尼亞遇見野生袋熊、
賽凡提斯大啖西岩龍蝦，
從東到西一直玩到北領地全攻略！

作　　者｜曾麒鴻（Dary）
責任編輯｜曹馥蘭
美術設計｜讀力設計
地圖繪製｜藍聿昕

總 經 理｜李亦榛
特別助理｜鄭澤琪

出 版 者｜樂知事業有限公司
電　　話｜（02）27550888
傳　　真｜（02）27007373
E m a i l｜sh240@sweethometw.com
地　　址｜台北市大安區光復南路692巷24號1樓

總 經 銷｜聯合發行股份有限公司
電　　話｜（02）2917-8022
地　　址｜新北市新店區寶橋路235巷6弄6號2樓

印　　刷｜兆騰印刷設計有限公司
電　　話｜（02）2228-8860
初版一刷｜2024年7月
定　　價｜480元

國家圖書館出版品預行編目(CIP)資料

澳洲我來了：雪梨燈光節、昆士蘭愛心珊瑚礁、咖啡之都墨爾本、塔斯馬尼亞遇見野生袋熊、賽凡提斯大啖西岩龍蝦，從東到西一直玩到北領地全攻略！
/ 曾麒鴻（Dary）著 . -- 初版 . -- 臺北市：樂知事業有限公司 , 2024.07
面；　公分
ISBN 978-626-97564-4-5（平裝）
1.CST：旅遊 2.CST：澳大利亞
771.9　　113008432